T

R

PARA
ESCRIBIR
CORRECTAMENTE

IDEAS Y TRUCOS

José Serra

TIDEAS Y TRUCOS

PARA

ESCRIBIR
CORRECTAMENTE

Si usted desea que le mantengamos informado de
nuestras publicaciones, sólo tiene que remitirnos su
nombre y dirección, indicando qué temas le interesan,
y gustosamente complaceremos su petición.

Ediciones RobinBook
Información Bibliográfica
Aptdo. 94.085 - 08080 Barcelona
E-Mail: Robinbook@abadia.com

© 1997, Ediciones Robinbook, SL.
  Aptdo. 94.085 - 08080 Barcelona.
Diseño cubierta: Regina Richling.
Fotografía: Regina Richling.
ISBN: 84-7927-260-0.
Depósito legal: B-38.634-1997.
Impreso por Romanyà Valls, Pça. Verdaguer, 1,
08786 Capellades.

Impreso en España - *Printed in Spain*

PRIMERA PARTE

FUNDAMENTOS TEÓRICOS DE LA REDACCIÓN

En este primer gran apartado del libro centraremos nuestro análisis sobre los aspectos esencialmente teóricos que sirven de base al acto de la redacción. Nuestra intención es evitar al interesado en mejorar sus técnicas de escritura explicaciones demasiado abstractas o enrevesadas. Por ello, nos limitaremos a explicar las bases teóricas del proceso de creación escrita, entre las que se cuentan conceptos tan fundamentales como la planificación del esquema de redacción o el desarrollo del estilo personal.

I. PRINCIPIOS BÁSICOS
DE LA TÉCNICA DE REDACCIÓN

1. QUÉ ES REDACTAR

Según el Diccionario de la Lengua de la Real Academia Española, redactar es «poner por escrito cosas sucedidas, acordadas o pensadas con anterioridad». Sin embargo, podemos simplificar este concepto en una sentencia más clara y directa: redactar es escribir correctamente. Llegados a este punto, surge la controversia: ¿qué se entiende por escribir correctamente?

ESCRIBIR...

Está comprobada científicamente la existencia de lenguajes animales que, a simple vista, pueden parecernos rudimentarios, pero que resultan muy elaborados y perfectamente acordes a las necesidades de especies como los delfines o las abejas. No obstante, el ser humano es el único que ha logrado codificar los sonidos y los elementos fonéticos en un conjunto de signos gráficos que, sujetos a una normativa, permiten la comunicación entre las personas: la escritura.

Escribir es traducir en signos gráficos nuestros pensamientos. Pero, como todo sistema de adquisición y transmisión de conocimientos, este proceso de transcripción de nuestras ideas o sentimientos debe someterse a una determinada serie de reglas y convenciones que hagan inteligible, tanto para el que escribe como para el lector, el mensaje que aquél intenta transmitirnos.

... CORRECTAMENTE

No cabe duda de que el significado del término «corrección» puede resultar subjetivo en determinados ámbitos. Sin embargo, en el caso de la escritura la corrección es una condición objetiva, indispensable para garantizar la comunicación. A este respecto, el ejemplo de la ordenación de las palabras dentro de la frase es, sin duda, el más ilustrativo. No es lo mismo decir: *Alma del el cara la espejo es*, que: *La cara es el espejo del alma*.

Aunque este ejemplo pueda parecer absurdo o pueril, es muy representativo de la necesidad de amoldar el lenguaje escrito a una serie de reglas. Y contrariamente a la opinión bastante generalizada y, desde nuestro punto de vista, errónea, estas normas no sólo se refieren al ámbito estrictamente gramatical o léxico, sino que también apelan de forma directa al sentido común. Por esta razón, la finalidad de esta obra no es establecer una normativa rígida y academicista, sino dar las claves esenciales para dominar la escritura partiendo de una doble base: la estructura formal y la estructura lógica.

ESCRIBIR CORRECTAMENTE

La corrección en escritura no es sólo cuestión de conocimientos gramaticales o de aplicación automática de un reglamento: la lógica y el sentido común suelen ser los mejores aliados.

2. POR QUÉ ES TAN NECESARIO SABER REDACTAR

Casi en los albores de un nuevo milenio, y superados en gran parte los traumas del analfabetismo dentro de los países del mal llamado Primer Mundo, la necesidad de saber redactar correctamente se ha convertido no sólo en una exigencia social, sino casi en un deber personal. La redacción forma parte de nuestro entorno cotidiano, y afecta a la mayor parte de los ámbitos de la vida: estudiantil, profesional, doméstico, público, privado...

Así pues, es absurdo pensar que la necesidad de escribir bien se limita a los años de estudios secundarios o a la universidad. Con relativa frecuencia, la dinámica de la vida contemporánea nos enfrenta a situaciones en las que una buena redacción es una condición inexcusable: la correspondencia de índole social o familiar, la redacción de informes o circulares de trabajo, las pruebas de selección de personal o la necesidad íntima de plasmar nuestras inquietudes y sensaciones en un diario.

LA REDACCIÓN EN EL CONTEXTO MEDIÁTICO

Poco queda por decir sobre la influencia negativa del teléfono, la televisión y, en general, la revolución mediática (informática, Internet) sobre los hábitos de escritura y lectura. No obstante, resulta evidente que incluso para establecer contactos a través de las modernas vías de comunicación (como acceder a un *chat* –locales virtuales de conversación–) es necesario el dominio no sólo de los idiomas, sino también de las técnicas básicas de redacción.

A pesar de las indudables ventajas que ofrece el contexto mediático, principalmente rapidez y comodidad, no son capaces de suplir la verdadera esencia de la escritura, que puede resumirse en algunos principios fundamentales:

◆ su mayor capacidad y libertad expresiva;
◆ la posibilidad de reflexión;
◆ la ausencia de obstáculos circunstanciales,
◆ y su carácter de perdurabilidad.

LA REDACCIÓN COMO SUPERACIÓN PERSONAL

La trascendencia de la escritura como instrumento de comunicación va más allá de las exigencias puramente sociales o profesionales. En tanto que sistema de traducción de sentimientos, ideas y situaciones, la escritura es un proceso que permite crear y recrear mundos propios y ajenos, reales y de ficción. Todos conocemos a alguien que suele decir que si supiera redactar no dudaría en escribir su autobiografía. También es creciente el número de personas que encuentran en el diario personal no sólo un aliado íntimo, sino también una fuente de placer. Por todo ello, la redacción se erige a la vez en herramienta de índole social y en instrumento de desarrollo de la personalidad.

FUNCIÓN DE LA ESCRITURA

La función de la escritura comprende dos aspectos esenciales:

- ♦ su finalidad de comunicación social (profesional, académica, doméstica...),
- ♦ y su finalidad de desarrollo personal (el ámbito de lo íntimo y lo privado).

3. PARTES ESENCIALES DE LA COMUNICACIÓN

Antes de adentrarnos en el terreno práctico de esta obra, cabe realizar algunas aclaraciones sobre los términos básicos que definen el proceso comunicativo. Como punto de partida, es preciso tener claro que el acto de la comunicación es un sistema de interrelación bidireccional; en palabras más sencillas, alguien comunica algo a alguien. Incluso cuando pensamos o hablamos con nosotros mismos establecemos un proceso comunicativo de doble dirección, que tiene su principio y su fin en la propia persona.

Partiendo de esta base, estudiaremos a continuación los principales componentes que sirven de marco al acto de comunicación.

PRINCIPALES COMPONENTES DE LA COMUNICACIÓN

- ♦ **Emisor:** Es el elemento (persona, entidad) del que parte la información que se transmite. En el caso de un programa de radio, sería el locutor; si se trata de una señal de circulación, el emisor sería la Dirección General de Tráfico; en el caso de un libro, sería el autor.
- ♦ **Receptor:** Es el punto de llegada de la información transmitida. En el primer caso, sería el radioyente; en el segundo, el conductor o el peatón; en el tercero, el lector.

- **Mensaje:** Es la información o conjunto de informaciones que se desean transmitir. Siguiendo con los ejemplos anteriores, los mensajes serían, respectivamente, el programa radiofónico, la indicación de prohibición o precaución, y, por último, la obra en sí.
- **Canal:** Es el medio en que se trasmite el mensaje, esto es, la vía por la cual circulan las informaciones. Por ejemplo, las ondas radiofónicas en el caso del programa de radio (un canal sonoro), un sistema de símbolos gráficos en el supuesto de la señal de tráfico o el lenguaje escrito en el ejemplo del libro (canales visuales).
- **Código:** Es el conjunto de signos en que se transcribe la información, así como la normativa que regula su uso. Debe ser compartido tanto por el emisor como por el receptor para que resulte válido el proceso comunicativo. Así pues, si no se conocen las señales de tráfico, aunque sea mínimamente, no podrán acatarse sus indicaciones.
- **Contexto:** Es la situación circunstancial en que se transmite el mensaje, y suele afectar principalmente al lenguaje hablado. Así por ejemplo, la expresión *¡La cartera!* adoptará significados muy distintos en función del contexto: el de la madre que avisa a su hijo antes de partir hacia el colegio o el del pobre hombre que acaba de ser víctima de un carterista.

En suma, el proceso comunicativo podría resumirse en el siguiente esquema:

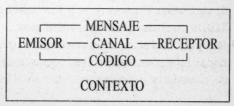

15

4. CLASES DE MENSAJES

Una vez esbozado el cuadro general del proceso comunicativo, nos centraremos en la parte que más concierne al contenido de este libro. Con tal fin, analizaremos la importancia que adquiere la transmisión del mensaje dentro del acto de la comunicación, ya que consideramos que es la parte fundamental del proceso. Cuando hablamos o escribimos lo hacemos siempre para ser comprendidos por los demás. Incluso en la elaboración de un diario íntimo, la finalidad no es sólo plasmar nuestros sentimientos e inquietudes, sino también arrojar luz sobre nuestras propias contradicciones e intentar comprendernos mejor a nosotros mismos.

SEGÚN SU FUNCIÓN

Existen tres clases fundamentales de función, esto es, la finalidad con que emitimos un mensaje:

♦ **Función representativa:** La intención es comunicar hechos objetivos (*Hoy es lunes*).
♦ **Función expresiva:** La finalidad del emisor es transmitir lo que le sucede o piensa desde un punto de vista subjetivo (*No me gustan los lunes*).

♦ **Función conativa:** La intención es influir sobre el ánimo del oyente (*Hoy puede ser un gran día, plantéatelo así*).

Sin embargo, en el proceso comunicativo es muy difícil encontrar estas funciones de forma aislada. Así por ejemplo, en una frase tan simple como *¡Cuidado!*, confluyen tres funciones: representativa (anunciar un peligro), expresiva (manifestar el propio sobresalto) y conativa (alertar a alguien de que, por ejemplo, se acerca un coche a gran velocidad mientras cruza la calzada).

Por tanto, la clasificación de los mensajes deberá establecerse en virtud de la función que predomine en su emisión (en el caso anterior, la conativa).

Por otra parte, se puede hablar también de función poética o estética, en la que la finalidad del mensaje es llamar la atención sobre sí mismo. Es la que predomina en los textos literarios y que estudiaremos más adelante, en los capítulos dedicados al tema.

Según su forma

La tipología de los mensajes según su forma puede establecerse en dos grandes grupos: el auditivo y el visual. Podrían añadirse los restantes sentidos corporales, como el táctil (estrecharse la mano supone un mensaje de cordialidad) o el olfativo (un determinado perfume puede tener un significado romántico para una pareja), así como el amplio campo del lenguaje gestual. Sin embargo, la difícil codificación de estas formas de mensaje nos obliga a centrarnos en los dos grandes grupos mencionados en primera instancia:

♦ **Mensajes auditivos:** El lenguaje oral (pero también un silbido, un toque de corneta o una sirena de ambulancia).
♦ **Mensajes visuales:** El lenguaje escrito (pero también el código de circulación o el antiguo lenguaje de los abanicos).

5. DIFERENCIAS ENTRE LENGUAJE ORAL Y ESCRITO

Superada en cierto modo la parte más teórica del proceso comunicativo, llegamos a uno de los aspectos más interesantes desde un punto de vista práctico: la diferenciación entre las dos principales modalidades del lenguaje, la hablada y la escrita. Nadie puede poner en duda el gran abismo que separa estas dos formas de expresión, a pesar de compartir el mismo código lingüístico (en este caso, el mismo idioma). Ni hablamos como escribimos, ni escribimos como hablamos. Por ello, en este apartado estudiaremos las características propias de cada una de estas modalidades, así como las propiedades específicas que las convierten en dos lenguas prácticamente distintas entre sí.

PROPIEDADES DEL LENGUAJE ORAL

Dejando a un lado las complejas teorías que intentan explicar el aprendizaje del lenguaje durante los primeros años de vida, podemos concluir que el ser humano aprende a hablar por su necesidad de comunicarse y relacionarse con los demás en tanto que individuo social. Asimismo, este proceso se realiza de manera espontánea.

Desde el punto de vista puramente formal, la base de codificación son los sonidos. Por otra parte, en el lenguaje hablado se cometen abundantes incorrecciones, se utiliza un vocabulario muy reducido y se suplen las deficiencias de expresión con la ayuda de gestos, expresiones faciales o el tono de la voz.

PROPIEDADES DEL LENGUAJE ESCRITO

El proceso de aprendizaje del lenguaje escrito es mucho más lento y exige una mayor inversión de tiempo y dedicación. Todos podemos recordar el gran esfuerzo que supuso durante nuestra infancia la asimilación de la estructura caligráfica y de las complejas reglas gramaticales y, sobre todo, ortográficas.

Desde el punto de vista formal, la base de codificación son las letras o los grafemas (conjunto de letras que corresponden a un determinado sonido). A la hora de escribir se requiere un mayor rigor, ya que sólo contamos con los medios lingüísticos para comunicar lo que queremos expresar, es decir, no podemos recurrir a apoyos gestuales o de tono.

DIFERENCIACIÓN PRÁCTICA ENTRE LENGUAJE ORAL Y ESCRITO

Aparte de lo expuesto anteriormente, algunos ejemplos prácticos pueden darnos una idea más clara de esta diferenciación. Así pues, cabe referirse a la utilización de algunas palabras y estructuras sintácticas comunes dentro del lenguaje escrito que, en cambio, resultan impropias al hablar, o cuando menos suenan pedantes. Otro caso significativo es el de aquellas personas que se expresan con fluidez y pueden conversar sobre cualquier tema pero, en contrapartida, son incapaces de elaborar un escrito medianamente presentable. A la inversa, también puede darse el caso (más inusual, claro está) de personas con un gran dominio del lenguaje escrito que, en cambio, encuentran grandes dificultades a la hora de expresarse oralmente.

Cuadro de las diferencias entre lenguaje oral y escrito

Lenguaje oral	Lenguaje escrito
Aprendizaje espontáneo	Aprendizaje lento y laborioso
Base de codificación: sonido	Base de codificación: letra o grafema
Menor rigor gramatical	Mayor rigor gramatical
Vocabulario reducido	Vocabulario más amplio
Recursos gestuales, faciales o tonales	Ausencia de recursos extralingüísticos

CONCLUSIÓN

Hablar bien es:
◆ Expresar exacta y claramente lo que queremos decir.
◆ Tiene mucho que ver con la interrelación personal y social.

Escribir bien es:
◆ Plasmar por escrito lo que queremos expresar con naturalidad, claridad y concisión.
◆ Está más relacionado con la invención, adquisición y transmisión de conocimientos.

6. FACTORES DETERMINANTES PARA APRENDER A ESCRIBIR BIEN

Uno de los más desafortunados tópicos que circulan con respecto a la escritura es el que hace referencia al don natural. Aunque no se puede negar cierta validez a este atributo innato, también es cierto que las «musas» y la facilidad para llenar páginas desempeñan un papel bastante relativo dentro del arte de la redacción. A este respecto basta con recordar la célebre sentencia que atribuye al acto creativo un diez por ciento de inspiración y un noventa por ciento de transpiración.

Con esta pequeña introducción queremos hacer referencia a que las técnicas de la buena redacción pueden ser asimiladas y aprendidas con relativa facilidad si partimos de la base de una buena disposición. Y que, sobre todo, son la práctica y la dedicación las claves esenciales para dominar el arte de la redacción o, si sus aspiraciones son más elevadas, llegar a ser un aceptable escritor.

EL APRENDIZAJE

Es sin duda el punto de partida en el que debe posicionarse toda persona que aspire a escribir bien. Asimilar las técnicas que permiten manejar el lenguaje con soltura y eficacia es un proceso largo y laborioso que se sustenta sobre dos bases fundamentales: la familia y la escuela.

En el ámbito familiar

La primera tiene su radio de acción en el ámbito privado. Sin embargo, en ocasiones no se le concede la suficiente importancia, ya que se considera que el entorno doméstico no es el lugar apropiado para la enseñanza. Pero clarifiquemos: no nos estamos refiriendo a lo que se considera como una severa labor docente dentro del hogar, sino a una sutil actitud pedagógica, que inculque en las personas en edad de formación valores tan importantes como el inexcusable respeto hacia el lenguaje.

A ello hay que añadir que la familia cumple funciones trascendentales dentro del campo formativo del niño: debe servir de tamiz o filtro con respecto a posibles influencias nocivas en el ámbito lingüístico (no es éste un tratado moralizante) procedentes de la televisión u otros medios de comunicación, así como favorecer la creación de un ambiente doméstico en el que primen valores culturales como la lectura.

En la escuela

Por lo que respecta a la escuela, y dejando a un lado la polémica sobre la actual hegemonía de las ciencias sobre las letras y las disciplinas humanísticas, su misión debe ser tanto formativa como socializadora. Aunque los programas educativos contemplan la redacción como uno de sus pilares fundamentales, las lagunas dentro de este terreno son evidentes no sólo al final de la enseñanza secundaria, sino incluso una vez superado el período universitario.

Las razones que explican estas deficiencias son varias. Por una parte, la enseñanza lingüística no se presenta de una forma amena y práctica, sino que con frecuencia consiste en una amalgama de reglas normativas y teóricas que no logran transmitir la auténtica esencia del lenguaje. En otras palabras, se enseña lengua y literatura, en lugar de estimular el gusto por leer, hablar o escribir. Tampoco se insiste mucho en el campo de la escritura creativa ni se espolea la imaginación de los niños. Los únicos intentos se limitan a las habituales redacciones con temas tan «apasionantes» como «Un día en el campo» o «Qué hiciste por vacaciones». Otro de los factores negativos suele ser la elección de las lecturas obligatorias, que en vez de fomentar la pasión por los libros no hace más que convertirlos en objetos antipáticos, carentes de valor. Por tanto, el aprendizaje del lenguaje debe ser tanto responsabilidad de los docentes como del propio alumno.

LA PRÁCTICA

A este respecto resulta muy ilustrativa una anécdota protagonizada por el premio Nobel estadounidense Sinclair Lewis durante un taller universitario de literatura creativa. El autor de *Calle Mayor* y *Babbitt* preguntó a los jóvenes asistentes que cuántos de ellos querían realmente escribir. Ante la respuesta general y entusiasta del alumnado, Lewis les espetó: «En ese caso, ¿por qué diablos no estáis todos escribiendo en vuestras casas?».

Aunque resulte un tanto drástico el planteamiento del escritor, es evidente que un libro o un seminario de formación no son suficientes para dominar las técnicas necesarias que nos permitan redactar bien. Como en casi todas las disciplinas creativas, el arte de escribir se aprende escribiendo.

Pero, retomando el tema de las deficiencias formativas del sistema educativo, sí es necesario tener una base sólida que no se centre únicamente sobre los fundamentos teóricos del lenguaje. Éste es el objetivo que preside esta obra: un tratado que proporcione las claves necesarias para enfrentarse sin miedo a la página en blanco y que, al mismo tiempo, fomente e impulse el placer de escribir y leer.

LA LECTURA

Es otro de los pilares fundamentales en que se apoya el aprendizaje de la buena redacción. Y es preciso aclarar que no nos referimos sólo a la literatura en mayúsculas, cuyas exigencias de preparación y disposición pueden resultar contraproducentes para la verdadera finalidad que persigue esta obra.

Al igual que casi todo en esta vida, el placer de la lectura se consigue a través de un proceso de aprendizaje que, aun siendo largo y laborioso, puede resultar (si es bien dirigido) ameno y muy productivo para el desarrollo de la persona. Como ya hemos dicho anteriormente, influyen en gran medida tanto el ambiente propiciado en el hogar como la elección de las lecturas obligatorias durante el período escolar.

Más adelante retomaremos el tema de la importancia de saber leer relacionado con el proceso de redactar. No sucumbiremos a la tentación de realizar una lista de recomendaciones de lectura, porque es al lector a quien corresponde, según gustos y afinidades, establecer su relación de prioridades y escoger aquello con lo que realmente disfruta.

II. EL PROCESO GENERAL
DE REDACCIÓN

7. CUADRO DESCRIPTIVO DEL PROCESO
DE REDACCIÓN

El manido tópico acerca de que el arte o la creación son algo que no puede ser enseñado ni aprendido pierde validez ante la realidad de la evidencia. Ni los grandes lingüistas son necesariamente buenos escritores, ni todos los escritores prestigiosos apoyan su arte sobre una formación de base academicista. Tampoco la facilidad para llenar páginas puede ser considerada una garantía de saber escribir bien.

Lo que pretendemos afirmar con este pequeño preámbulo es que existe un método preciso y lógico para aprender a dominar el proceso de redacción, sea cual sea nuestro objetivo a la hora de escribir: cartas, cuentos, novelas, tesis, informes, guiones cinematográficos, poesía o una simple invitación.

Todos ellos han de ser considerados simplemente como «textos». E, independientemente de la distinción entre ficción y no ficción, en todos ellos ha de intervenir un componente de creatividad que no diremos que puede ser enseñado o adquirido por ciencia infusa, pero sí estimulado y regulado a partir de unas pautas basadas en la lógica y el buen gusto.

No nos referimos, claro está, a las leyes de la ortografía y la sintaxis, a las que daremos una importancia relativa (en la segunda parte de esta obra encontrará las claves esenciales sobre estas materias). El proceso de aprendizaje que pretendemos elaborar parte de los fundamentos esenciales de la creación del texto y, gracias a la dinámica de dedicación, práctica y lectura, las convenciones academicistas se pueden ir asimilando de una manera espontánea y natural, mucho más efectiva que cualquier sesudo tratado de gramática.

Cuadro descriptivo

En todo proceso de redacción, sea cual sea la naturaleza del texto, existen cinco fases que resultan indispensables no sólo para facilitar el trabajo del redactor, sino también para garantizar la coherencia interna del escrito. Son las siguientes:

1. Elección del tema.
2. Búsqueda de la información.
3. Organización de la información.
4. Elaboración del esquema previo.
5. Desarrollo del esquema previo.
6. Revisión y corrección del texto.

En este bloque temático nos centraremos sobre el estudio y análisis de estas fases de la creación de textos, esenciales para el dominio del arte de la redacción.

8. CÓMO ESCOGER EL TEMA

En la mayoría de los casos, escribir es más una obligación que una decisión personal. La vida diaria nos enfrenta a situaciones que exigen enfrentarse al papel en blanco, especialmente en el ámbito estudiantil y laboral, donde, por regla general, el tema nos viene dado de antemano. Sin embargo, la escritura puede resultar mucho más placentera cuando no existe una imposición externa. En estos casos, la libertad de elección temática es prácticamente infinita y el proceso de escritura puede constituir una de las mayores satisfacciones personales.

TEMA IMPUESTO

Estos casos suelen ser habituales en el ámbito estudiantil (exámenes, trabajos) y profesional (currículos, informes, circulares). Pero también la vida social nos exige en ocasiones enfrentarnos a temas que el teléfono por sí solo no puede solucionar, como invitaciones formales o misivas de condolencia. En todos estos casos, conviene conocer una serie de pautas que nos permitirán afrontar con éxito la escritura sobre cualquier tema que nos sea impuesto.

Cuestiones en torno al tema impuesto

Cuando el tema sobre el que se ha de escribir nos viene dado de antemano, es preciso tener en cuenta una serie de factores que determinarán el éxito de nuestra labor:

♦ En primer lugar, cuál debe ser la *extensión* de nuestro trabajo. No es lo mismo la redacción de una carta, de un currículo o de un examen que la elaboración de un informe laboral o de un trabajo de fin de curso.

♦ También es imprescindible plantearse cuál es el tipo de *presentación* que ha de adoptar nuestro texto. Aunque el contenido sea en realidad el objetivo fundamental de nuestra labor, el formato reviste también una importancia destacada: tanto el medio de escritura (a mano o impreso) como la organización y presentación del texto (distribución de los párrafos, separación entre líneas, foliación de las páginas, etc.). Así pues, resulta prácticamente impensable en nuestros días entregar un informe o un trabajo manuscrito, pero es casi obligado en la correspondencia o incluso –una tendencia que se está imponiendo últimamente– en las cartas de presentación de los currículos.

♦ Otra cuestión que debe contemplarse es el *tiempo* de que disponemos para elaborar el texto. Existe una gran diferencia entre las limitaciones temporales de un examen, una conferencia o la urgencia de una noticia periodística, y la libertad que ofrece, tanto por cantidad como por posibilidades de distribución del tiempo, la redacción de un trabajo universitario o de un artículo para una revista especializada.

♦ La persona a la cual va dirigida el texto también influye de modo considerable en los casos de tema impuesto. En estas situaciones, la función del *receptor* determina claramente el contenido del texto. La figura del profesor, del tribunal de oposiciones o del jefe de nuestro departamento condiciona nuestra manera de enfrentarnos al texto.

♦ En relación con el anterior punto, el receptor determina también el *tono* de nuestra labor. No se puede comparar el estilo formal que requiere un acto protocolario o un trámite burocrático con el tono didáctico o divulgativo de un informe o un libro de texto; ni tampoco el rigor y la solemnidad de un discurso de ingreso en la Academia con la sátira ágil de un artículo humorístico.

♦ Por último, hay que hacer referencia a la posibilidad de disponer de *fuentes* de consulta a la hora de redactar un texto. En el caso de los exámenes (estudiantiles, oposiciones, promoción interna), nuestra única base de datos suele depender de la fase de preparación y de nuestra actitud para superar la ansiedad y la tensión que en muchos casos provocan estas situaciones. Sin embargo, para la elaboración de informes, trabajos o reportajes resulta fundamental la recopilación de datos (estudios de campo, encuestas) y, sobre todo, la selección de unas fuentes de información adecuadas.

CLAVES PARA REDACTAR UN TEMA IMPUESTO

♦ Extensión
♦ Presentación
♦ Tiempo
♦ Receptor
♦ Tono
♦ Fuentes

Entre las aspiraciones del ser humano, la del afán creador es una de las que gozan de mayor predicación. Y, dentro de este anhelo generalizado de expresión artística, la escritura es uno de los sistemas de creación que pueden proporcionarnos mayores satisfacciones personales.

Con todo, no siempre es posible equiparar placer y escritura: muchos recordarán con cierto resquemor las redacciones escolares de tema libre y la angustia ante la página en blanco; en ocasiones, la elaboración de un diario responde más a una necesidad íntima que a un mero goce estético; tampoco hay que olvidar que muchos escritores, y artistas en general, describen el proceso de creación como un infierno privado o un parto doloroso.

Elegir un tema no es tan simple como puede parecer a simple vista. A pesar de que cualquier asunto es susceptible de ser escrito (es decir, podemos escribir sobre cualquier tema), nuestra aptitud y falta de habilidades y conocimientos pueden representar serios obstáculos a la hora de traducir sobre el papel lo que deseamos expresar. A ello cabe añadir, además, todos los condicionantes apuntados en el epígrafe sobre el tema impuesto.

Claves para elegir un tema libre

La elección del tema, sea o no de ficción, implica ya desde el principio un mayor grado de creatividad. Ha de partir de los intereses, afinidades y gustos personales. Pero si su objetivo es progresar en el campo de la redacción, deberá intentar escribir sobre temas que le resulten completamente ajenos. Gracias a ello desarrollará su creatividad y podrá enfrentarse a cualquier reto.

9. CÓMO BUSCAR LA INFORMACIÓN

Este apartado está muy relacionado con lo mencionado sobre las fuentes en páginas anteriores. Sin embargo, no debemos confundir el sentido de búsqueda de información con el de exhaustivas investigaciones de carácter bibliográfico. Lo que se considera información, es decir, todo aquello que sirve de base al proceso de escritura, no se circunscribe únicamente al ámbito de los libros, sino que es algo más sutil, que nos envuelve y que puede encontrarse por doquier. Así pues, en este bloque analizaremos, entre otros aspectos, la importancia de la experiencia dentro del ámbito de la creación.

BÚSQUEDA A TRAVÉS DE LA PROPIA EXPERIENCIA

Hay situaciones en las que resulta casi imposible acudir a bases informativas para elaborar un texto. El caso más evidente es el de los exámenes, donde sólo podemos servirnos de nuestros conocimientos a partir de una adecuada preparación y recurrir a una de las «fuentes» más valiosas de que puede disponer una persona: la de la propia experiencia.

Con este término no nos estamos refiriendo a los obsoletos conceptos de aventurero o persona de mundo. En la actualidad, en la denominada «aldea global», la experiencia se puede adquirir con mayor facilidad gracias a los medios que nos suministran los múltiples avances de la «era de la información».

Pero, afortunadamente, también sigue gozando de plena vigencia uno de los métodos más tradicionales de adquisición de conocimientos: el de la lectura. El desarrollo intelectual y personal debe pasar, casi ineludiblemente, por la lectura regular de todo tipo de textos: diarios, revistas, publicaciones periódicas, novelas, ensayos, tratados... Incluso las revistas del corazón o los diarios deportivos pueden servir para recoger información y acumular experiencia.

Sin embargo, la denominada cultura general no es sólo una acumulación de datos recopilados y almacenados de forma mecánica. Para que sea realmente válida, debe sustentarse sobre una base que podríamos sintetizar bajo el concepto general de «inteligencia», aquello que nos permite interrelacionar y extraer conclusiones propias de todos los datos recogidos. Así pues, debemos fundamentar nuestra experiencia sobre la conjunción de inteligencia y cultura.

BÚSQUEDA A TRAVÉS DE LA EXPERIENCIA AJENA

Con respecto al anterior epígrafe, se puede argumentar que la experiencia que se adquiere a través de la lectura o la televisión no puede considerarse como propia. No obstante, alcanza ese rango en cuanto es interiorizada por la persona y asimilada por su visión interior del mundo. De este modo, el sujeto adquiere una perspectiva propia de los datos procedentes del exterior.

Junto a este tipo de experiencia interiorizada, la información puede buscarse también en la visión del mundo de los demás. Así por ejemplo, la observación y el análisis de las experiencias ajenas pueden servirnos para contrastar, revisar y modificar la propia. Ello no sólo nos resultará muy útil para enriquecer nuestro mundo interior, sino también para darnos nuevas perspectivas desde el punto de vista de la redacción y para desarrollar nuestra creatividad.

BÚSQUEDA A TRAVÉS DE FUENTES BIBLIOGRÁFICAS

Cuando la naturaleza del texto lo requiere, lo cual suele suceder en la mayoría de las ocasiones, es preciso realizar una exhaustiva labor de documentación. Si queremos hacer un trabajo sobre las condiciones de vida de los *sherpas*, o ambientar un relato de ficción en el fondo del océano, es poco probable que podamos permitirnos el lujo de experimentar personalmente esas situaciones. En estos casos, si queremos dar verosimilitud y coherencia a nuestro escrito, la labor de documentación se convierte en una fase ineludible del proceso de creación.

El principal método para buscar información consiste en la investigación bibliográfica. El libro suele ser uno de los mejores aliados para adentrarse en temas que nos son completamente ajenos, o para adquirir nuevos conocimientos sobre los asuntos que nos interesan y pretendemos desarrollar por escrito. En tales casos, resultará muy útil la visita a distintas bibliotecas para consultar sus fondos. A su vez, cada libro puede convertirse en un puente que nos relacione con otras obras de interés para nuestro objetivo final, ya que el apartado de bibliografía que presentan en sus páginas finales nos servirá para conocer otras obras referentes al tema en cuestión.

Pero, contrariamente a la opinión generalizada, la información no se encuentra tan sólo en los libros. Existe una gran variedad de fuentes de consulta, a las que se puede acudir para indagar y extraer los datos que nos interesan. La revolución de las autopistas informáticas ha abierto nuevas vías no sólo a la interrelación personal y profesional, sino también a la búsqueda y consulta de información.

Y, como dijimos con anterioridad, la información se encuentra por todas partes: todo depende de nuestra capacidad de observación. Por ejemplo, el arte y el cine son dos medios de comunicación visual que pueden aportarnos valiosos datos sobre asuntos que nos son ajenos por espacio o por tiempo: contemplar un cuadro o una escultura puede proporcionarnos más información que cualquier tratado de arte; también una película clásica de tema histórico puede constitur una magnífica base de documentación.

CLAVES PARA LA BÚSQUEDA DE INFORMACIÓN

- ♦ **Experiencia personal:** Interiorizar todos los datos procedentes de fuentes exteriores para conformar nuestra visión del mundo.
- ♦ **Experiencia ajena:** Contrastar la perspectiva del mundo de los demás con la nuestra, para modificarla y enriquecerla.
- ♦ **Fuentes bibliográficas:** Indagar con todos los medios disponibles, basándose no sólo en el papel impreso, sino en la capacidad de observación y en otras fuentes de expresión (arte, cine) y comunicación (Internet).

---

10. CÓMO ORGANIZAR LA INFORMACIÓN

Tal como acabamos de ver, una vez conocido el tema sobre el que nos proponemos escribir, el siguiente paso consiste en recopilar la información necesaria para delimitar el contenido de nuestro texto. Pero ¿qué es lo que estamos buscando cuando recopilamos información? El mero hecho de investigar sobre una determinada materia presupone conocer de antemano las principales ideas que nos interesan sobre el tema en cuestión. Así pues, el proceso de búsqueda y organización de la información se presenta de un modo claramente interrelacionado, aunque, al objeto de mejorar la comprensión del lector, hemos preferido dividirlo en sendos apartados.

BÚSQUEDA Y ORGANIZACIÓN, PROCESO SIMULTÁNEO

Para escribir sobre un tema determinado, la materia fundamental son las ideas. Por ello, a medida que buscamos la información en las distintas fuentes de consulta, van surgiendo, junto a los motivos temáticos básicos, nuevas ideas secundarias que nos resultarán muy útiles para enriquecer y completar nuestro texto.

Así pues, el sistema más efectivo para recopilar y organizar la información consiste en ir anotando sucesivamente las ideas que van surgiendo durante el proceso de búsqueda. De este modo, conseguiremos elaborar una lista que incluya todos los aspectos temáticos que interesan a nuestra labor. Como ejemplo ilustrativo, escogeremos el siguiente tema: el turismo ecológico.

Ideas sobre el turismo ecológico

- ◆ Hogueras e incendios forestales
- ◆ Hallar paz y tranquilidad
- ◆ Práctica del senderismo
- ◆ Lanzar desperdicios
- ◆ Conocer la flora y la fauna autóctonas
- ◆ Acampar al aire libre
- ◆ Alquiler de masías rurales
- ◆ Práctica de deportes de riesgo
- ◆ Incomodidades propias de la vida en el campo
- ◆ Comer y dormir de forma sana y natural
- ◆ Visitas a parques naturales
- ◆ Conocer los ríos y lagos de la región
- ◆ Perturbar el ecosistema natural
- ◆ Práctica de la pesca
- ◆ Excursiones a caballo
- ◆ Fundirse en el entorno medioambiental
- ◆ Posibles peligros (riadas, fauna salvaje, setas venenosas...).
- ◆ Huir de la masificación de las costas
- ◆ Carencia de infraestructuras apropiadas para la práctica del turismo rural
- ◆ ...

A esta lista se podrían añadir todas las ideas que vayan surgiendo o que resulten interesantes u oportunas para cada una de las personas que deseen escribir sobre este tema. No importa que la relación pueda resultar enrevesada o un tanto caótica. El proceso de organización se encargará de articular las diversas informaciones o datos en unos cuantos bloques temáticos principales y desechar los que no considere relevantes para el desarrollo y la coherencia internos del texto en cuestión.

PROCESO DE ORGANIZACIÓN

Para organizar la información, se pueden seguir distintos procedimientos:

- ♦ Uno de los principales sistemas es el que se fundamenta en la aplicación de un planteamiento basado en la lógica. Consiste en agrupar en bloques temáticos los datos que tienen alguna relación entre sí.
- ♦ Otro método que se puede emplear es el de la secuencia temporal o cronológica, que resulta el más apropiado cuando el tema es esencialmente narrativo o histórico.
- ♦ Finalmente, el sistema más efectivo en la mayoría de exposiciones escritas es el que consiste en determinar las ideas principales que se derivan de la recopilación de datos. De este modo, se establecen asociaciones, jerarquías y nexos de relación, que nos servirán de punto de partida para elaborar el índice o esquema previo de redacción. Gracias a este método podremos planificar y determinar de antemano el orden que seguiremos al trabajar.

Ejemplo práctico

Para ejemplificar el proceso de organización, recurriremos al tercero de los procedimientos mencionados, partiendo del material recopilado en relación al tema del turismo ecológico:

♦ **Tema:** turismo ecológico

♦ **Ideas principales:**
- Objetivos
- Posibilidades y ventajas
- Perjuicios e inconvenientes

♦ **Ideas secundarias:**
- *Objetivos:*
  - Hallar paz y tranquilidad
  - Fundirse en el entorno medioambiental
  - Acampar al aire libre
  - Huir de la masificación de las costas
  - Comer y dormir de forma sana y natural

- *Posibilidades y ventajas:*
  - Conocer la flora y la fauna autóctonas
  - Conocer los ríos y lagos de la región
  - Visitas a parques naturales
  - Práctica del senderismo
  - Práctica de la pesca
  - Práctica de deportes de riesgo
  - Excursiones a caballo
  - Alquiler de masías rurales

- *Perjuicios e inconvenientes:*
  - Hogueras e incendios forestales
  - Lanzar desperdicios
  - Incomodidades de la vida en el campo
  - Posibles peligros (riadas, etc.)
  - Perturbar el ecosistema natural
  - Carencia de infraestructuras...

11. CÓMO ELABORAR EL ESQUEMA DE REDACCIÓN

El proceso de búsqueda y organización de ideas nos proporciona una materia prima básica que, sin embargo, no nos permite afrontar la elaboración del texto con suficientes garantías de éxito. Las ideas, aunque agrupadas en bloques temáticos bastante definidos, se presentan sin conexión ni ilación entre ellas. Una vez organizada la información, debemos retornar al punto de partida y replantearnos de nuevo las preguntas que se cuestionaron al inicio de este capítulo: cuál es el objetivo de nuestro texto, cuáles son la actitud y el tono que adoptaremos al escribirlo, quién es el destinatario de nuestro mensaje o cuál es la extensión prevista. Todos estos factores se deben interrelacionar convenientemente para facilitar la concreción del definitivo plan de redacción.

OBJETIVO DEL TEXTO

La finalidad con que pretendemos redactar nuestro escrito determinará el resto de factores que influyen en la elaboración del texto. Nuestros objetivos pueden ser de lo más variado; no obstante, para simplificar el análisis estableceremos un paralelismo con lo expuesto anteriormente en el epígrafe de clases de mensaje según su función:

- ♦ La finalidad de nuestro escrito puede ser meramente representativa, esto es, una exposición objetiva, divulgativa o didáctica sobre el turismo ecológico.
- ♦ También puede ser expresiva, es decir, dar nuestro punto de vista subjetivo sobre lo que pensamos del tema en cuestión, pero sin intentar influir en el ánimo del lector. De este modo, el texto puede servir de punto de partida para fomentar el diálogo, la discusión desde distintas perspectivas, etc.
- ♦ Si la función que intentamos que predomine en nuestro texto es la conativa, intentaremos convencer al lector sobre las ventajas del turismo ecológico o, por el contrario, disuadirlo recalcando los factores más negativos.
- ♦ También podemos decantarnos por la función poética o estética del texto. En este caso, el planteamiento sería distinto, ya que se debería partir de un esquema argumental creativo. Las ideas apuntadas en el proceso de búsqueda de información servirían para reforzar o apoyar la verosimilitud del texto.

Sin embargo, como apuntamos en el epígrafe dedicado a las funciones del mensaje, es difícil que éstas se presenten de forma aislada. Aun así, siempre predominará una finalidad determinada, en virtud de la cual se elaborará el esquema previo de redacción.

ACTITUD DEL AUTOR

Una vez decidido el objetivo principal de su texto, el autor escogerá el tono o actitud que mejor se adecue a la finalidad de su escrito.

- Si se desea potenciar la objetividad de la información, optaremos por un estilo impersonal en tercera persona, basado en el distanciamiento respecto a lo que queremos expresar.
- Por el contrario, si la función que pretendemos imprimir al texto es de orden subjetivo, apostaremos por una narración en la que predomine la primera persona y nuestra visión del tema.
- La misma actitud subjetivista puede servirnos para desarrollar un escrito de función conativa, pero incorporando al texto un componente de intencionalidad respecto al tema. Esto implicará conceder más importancia a ciertos bloques temáticos y obviar los que no interesen a nuestro objetivo.

IMPORTANCIA DEL RECEPTOR

El destinatario de nuestro escrito influirá decididamente en la elaboración del esquema de redacción. El tono, el vocabulario y la complejidad del texto deben adecuarse a las características del receptor. Así pues, si nos dirigimos a un espectro de público básicamente infantil no utilizaremos los mismos registros ni técnicas de escritura que si nuestros lectores son los integrantes de un tribunal de oposiciones. También adoptaremos tonos distintos si nuestra finalidad es escribir para un diario de información general o para una revista satírica.

EXTENSIÓN DEL TEXTO

¿Cuál es el formato y la extensión más adecuados al objetivo de nuestro texto? Si pretendemos elaborar un informe divulgativo y exhaustivo sobre el tema, el número de páginas será considerablemente superior al de un artículo periodístico, en el que el espacio de que disponemos está claramente acotado. También influyen en gran medida las limitaciones temporales: así pues, la duración de un examen determinará la extensión de nuestro escrito. Por último, también hay que ceñirse a las características propias del género elegido: la extensión de una novela será considerablemente mayor que la de un relato o un cuento infantil.

PROCESO DE ELABORACIÓN DEL ESQUEMA DE REDACCIÓN

Una vez planteadas todas las cuestiones previas, procederemos a la confección del plan de redacción. Para ello, partiremos de la materia prima recopilada durante el proceso de búsqueda y organización de ideas, y la pasaremos por el tamiz del objetivo esencial que persigue nuestro escrito.

Cuando la finalidad del texto esté totalmente decidida, podremos organizar el plan de redacción en torno al siguiente esquema básico:

- ♦ **Introducción:** Presentación del tema central, así como de la finalidad que persigue nuestro escrito.
- ♦ **Cuerpo del texto:** Desarrollo del tema central, basado en una serie de ideas principales de las que se van desprendiendo otras secundarias que refuerzan o apoyan a aquéllas.
- ♦ **Conclusiones:** Una vez desarrollado el tema, se apuntan la conclusión o conclusiones que se desprenden de todo lo expuesto.

La aplicación de este esquema clásico del proceso de redacción permite abordar cualquier texto, sea cual sea su finalidad esencial: representativa, expresiva o conativa (resulta mucho más complejo en el caso de la función estética o poética). Así pues, en el caso del turismo ecológico que hemos escogido como tema ilustrativo de este apartado, el plan previo de redacción podría esbozarse del siguiente modo:

♦ **Introducción:**
Tema central ⟶ objetivo
Justificación del escrito

♦ **Cuerpo del texto:**

Desarrollo del tema central
• Idea principal
  - Idea secundaria
  - Idea secundaria

• Idea principal
  - Idea secundaria
  - Idea secundaria
  - Idea secundaria

• Idea principal
  - Idea secundaria

♦ **Conclusiones:**
Resumen de lo expuesto
Conclusión o conclusiones

EJERCICIO

♦ Elabore tres esquemas de redacción sobre el tema del turismo ecológico (o cualquier otro que pueda resultarle más interesante o atractivo), partiendo de las tres funciones fundamentales: representativa, expresiva y conativa.

---

12. CÓMO TRADUCIR SOBRE EL PAPEL EL ESQUEMA DE REDACCIÓN

Es evidente que todo el trabajo de búsqueda, organización y elaboración del programa de redacción nos facilitará en gran medida el proceso de generación del texto. Desde el momento en que estemos completamente familiarizados con el tema central y el objetivo que perseguimos, las palabras fluirán con mayor facilidad y libertad sobre el papel. Pero, llegado el momento de enfrentarnos a la hoja en blanco, es preciso tener en cuenta una serie de normas que no afectan solamente al dominio básico de la gramática y la ortografía, sino también a la dinámica interna del texto.

LIBERTAD DEL AUTOR FRENTE AL ESQUEMA DE REDACCIÓN

El plan previo de escritura no debe suponer en modo alguno una esquematización rígida y cerrada que coarte la libertad creativa. Es muy fácil comprobar que, a medida que el texto se va desarrollando, surgen nuevas ideas o asociaciones que exigen una modificación sobre la marcha del planteamiento inicial. Ello no significa que nuestro esquema previo fuese erróneo o haya sido poco planificado, sino que el texto presenta una dinámica propia que surge a medida que se va creando. El proceso de escritura puede resultar revelador para el propio autor, quien, al intentar plasmar ciertas ideas sobre el papel, encuentra nuevas conexiones y nexos temáticos que, si se controlan adecuadamente, acabarán enriqueciendo el texto.

DINÁMICA INTERNA DEL TEXTO

Sin embargo, el hecho mencionado en el apartado anterior puede llegar a alcanzar cotas peligrosas cuando el grado de autonomía que adquiere el texto es tan grande que se revela contra su propio autor. Cuando la dinámica interna del texto comience a escapársenos de las manos, es preciso parar y replantear de nuevo tanto el esquema previo como el proceso de generación del escrito. Por ejemplo, si nos damos cuenta de que, al desarrollar una de las ideas secundarias planteadas, estamos contradiciendo el objetivo central del texto, es conveniente retroceder y cuestionar todos los pasos mentales que hemos dado hasta llegar a plasmar esa idea. De este modo descubriremos si el problema procede de un mal planteamiento del esquema previo o de los razonamientos que hemos realizado durante el proceso de redacción. Para ello resultará de gran utilidad la ayuda del borrador.

LA IMPORTANCIA DEL BORRADOR

El mejor sistema para poder controlar con garantías la dinámica interna del texto durante el proceso de generación es realizar uno o varios borradores. Es evidente que durante la ejecución de un examen son escasas las posibilidades de elaborar varios de estos textos preliminares, debido a las lógicas limitaciones temporales. Sin embargo, en estos casos siempre es recomendable realizar, como mínimo, un borrador que permita no sólo mejorar la presentación de la prueba de examen, sino también la posterior fase de revisión y corrección para decidir el contenido final del texto.

En cambio, si nuestro escrito no está limitado por cuestiones temporales, resulta muy conveniente realizar un borrador preliminar. Con este nombre se conoce la primera versión completa de un texto, el embrión del que surgirá el original definitivo. En el siguiente apartado abordaremos las distintas maneras en que este borrador inicial pasa por una última etapa, la de corrección y revisión, que servirá para establecer el texto final tanto en forma como en contenido.

EJERCICIO

♦ Recupere los tres esquemas de redacción del apartado anterior, basados en las funciones representativa, expresiva y conativa. A partir de lo expuesto en estas páginas, elabore los tres borradores correspondientes a cada uno de los esquemas previos.

---

13. FASE DE REVISIÓN Y CORRECCIÓN DEL TEXTO

Una vez realizado el borrador inicial, disponemos ya de lo que podríamos denominar como «material en bruto». A partir de esta primera versión, realizaremos una serie de pasos que nos servirán para llegar hasta el texto definitivo, aquel que estaba latente en nuestra mente y que, a través del lenguaje escrito, hemos podido desarrollar del modo más adecuado a nuestras necesidades comunicativas. Sin embargo, es preciso apuntar cuáles son esos pasos fundamentales para acceder hasta el texto final.

MÉTODOS PARA TRABAJAR UN BORRADOR

Cada autor tiene su propio método para transformar el borrador inicial en un texto definitivo. Éstos son algunos de los más habituales:

♦ Algunos no se conforman con escribir uno solo, sino que llegan a hacer varias copias simultáneas, con distintas correcciones y modificaciones, de las que escogen finalmente la que más se adecua a su idea original. Otros, en cambio, trabajan sobre una copia única, a la que incorporan todas las variaciones y mejoras posteriores.

♦ Otro de los aspectos distintivos a la hora de transformar el borrador es el que se refiere a en qué momento se debe revisar y corregir la primera versión. Algunos autores lo hacen a medida que van escribiendo el borrador, casi página por página, mientras que otros prefieren realizar el proceso cuando ya han compuesto bloques de texto mayores. En estos casos, sin embargo, siempre será necesaria una nueva labor de corrección y revisión al finalizar el borrador.

♦ Este último es el método de trabajo empleado habitualmente por la mayoría de autores. De este modo, se consigue tener una visión general y completa de todo el texto, lo que sirve para garantizar su unidad y coherencia interna.

♦ Por último, algunos autores utilizan el método de dar a leer ese texto inicial a alguna persona de confianza para que realice las observaciones y anotaciones pertinentes. Esto servirá para aportar un nuevo punto de vista, que resultará muy valioso para el enriquecimiento del texto final.

CONSEJO ÚTIL

♦ Si su carácter de urgencia no lo impide, deje que el borrador «repose» durante un cierto tiempo en un cajón o en un estante de su biblioteca. El mismo texto le indicará cuál es el período más adecuado para ese intervalo de reposo (desde unos días hasta varios meses), gracias al cual logrará el distanciamiento necesario para enfrentarse al borrador con el grado de objetividad indispensable.

PROCEDIMIENTO GENERAL

No siempre es posible dejar un tiempo de espera para lograr la distancia y la objetividad necesarias respecto al borrador. En estos casos, se impone un método de trabajo más rápido y programático, que se puede resumir en los siguientes puntos:

Desde el punto de vista del contenido

♦ Comprobar si el borrador se ajusta en esencia al esquema previo de redacción.

♦ Verificar que las modificaciones incorporadas al plan original no afecten al sentido y la coherencia interna del texto definitivo.

♦ Asegurarse de que queda claro cuáles son las ideas principales y cuáles las secundarias. También debe supervisarse si la clase de relación establecida entre dichas ideas es la que más conviene al texto. Esto puede realizarse analizando la organización de párrafos dentro del texto y comprobando que las ideas secundarias apoyan y sostienen a la central.

♦ Verificar que el texto final resulte totalmente comprensible para el destinatario al que va dirigido.

Desde el punto de vista de la forma

♦ Comprobar que la estructura clásica de introducción-cuerpo del texto-conclusiones haya sido respetada.

♦ Ajustar el orden de los párrafos a dicha estructura. Además, se eliminarán aquellos parágrafos que no guarden relación con el esquema previo de redacción, no aporten una información clara al texto global o sean claramente superfluos.

♦ Reordenar aquellos párrafos que obstaculicen el desarrollo lógico del esquema argumental previsto.

♦ Proceder a la corrección gramatical: se contemplarán básicamente los errores más elementales (frases mal construidas, vulgarismos...), pero también otros más sutiles, relacionados con la excesiva longitud o complejidad de algunas oraciones, que deberán ser sustituidas por otras más claras y comprensibles.

♦ Finalmente, realizar una exhaustiva corrección ortográfica.

No está de más señalar que los puntos expuestos en estos dos grupos no deben ser contemplados como dos métodos aislados, sino totalmente complementarios (fondo y forma como una realidad indisoluble). Por ello, es conveniente realizarlos de manera simultánea, lo que implicará, como mínimo, una lectura atenta y concienzuda del escrito. Sin embargo, siempre es aconsejable efectuar un par de lecturas, o las que se crean necesarias, hasta estar completamente convencidos de la validez de nuestro texto.

III. EL ESTILO

14. DEFINICIÓN DE ESTILO

«El estilo es la vida y la sangre misma
del pensamiento. La perfección del estilo
consiste en no tenerlo. El estilo,
como el agua, es mejor cuanto menos sabe.»

GUSTAVE FLAUBERT

La palabra deriva del latín *stylus*, que en su acepción clásica se refería al punzón metálico que utilizaban los romanos para escribir sobre tablas enceradas. Sin embargo, su evolución en el transcurso del tiempo ha otorgado a esta palabra una serie de connotaciones diversas que, en el ámbito de la escritura, se han concretado en una sentencia tan simple en su enunciado como compleja en su contenido: «El estilo es el hombre». En el presente apartado intentaremos desentrañar el significado de esta máxima que ha fructificado en el terreno de la teoría literaria, pero que puede resultar de difícil comprensión para el neófito.

EL ESTILO ES EL HOMBRE

Buffon, naturalista y escritor francés del siglo XVIII, acuñó esta célebre máxima, que se ha convertido en uno de los tópicos más comunes a la hora de definir el estilo literario. Existe una gran controversia sobre la intención real del autor galo al proclamar esta frase, pero su significado más evidente es el que finalmente se ha impuesto: el que contempla el estilo como la personalización que cada individuo hace de las distintas variables y posibilidades que ofrece el lenguaje escrito. En resumen, la clásica sentencia de Buffon determina una total identificación entre personalidad y estilo.

ESTILO COMO CONCEPTO HISTÓRICO

Otra de las acepciones más comunes del concepto de estilo es la globalizadora. En virtud de ésta, el estilo se define como el conjunto de rasgos y recursos que identifican una escuela, una época o una generación determinadas para diferenciarlas de las demás. Así pues, el estilo estaría relacionado con una estética, una filosofía y una sensibilidad propias de una época histórica, que puede abarcar desde sólo unos años hasta varios siglos. Esos factores influyen decididamente sobre la manera de escribir de los autores de un determinado momento histórico, algo que se puede comprender fácilmente si se comparan, por ejemplo, una obra del siglo XVII como el *Quijote*, una novela decimonónica de Galdós y cualquiera de los libros de un autor contemporáneo.

ESTILO COMO AUTORÍA

A pesar de que la teoría literaria de los últimos siglos se ha caracterizado por la necesidad de etiquetar, clasificar y encasillar a todos los escritores en un determinado movimiento estilístico, es evidente que ningún autor se parece a otro. Aunque pertenezcan a la misma época histórica, el estilo galdosiano es distinto del de Clarín, y el de Eduardo Mendoza presenta grandes diferencias con el de Álvaro Pombo. Por tanto, esta afirmación incuestionable supone recuperar la esencia de la definición de Buffon, pues reivindica la estrecha interrelación entre estilo y personalidad, más allá de los rasgos estéticos y estilísticos comunes a un determinado momento histórico.

En este sentido, el concepto de estilo trasciende los aspectos puramente formales de la obra de un autor para reflejar y profundizar en su personalidad. Esto no quiere decir que leyendo tal o cual libro conozcamos realmente la forma de ser y de pensar de un escritor, pero sí que, partiendo de un cierto conocimiento de la historia literaria, podemos distinguir claramente entre un texto de Pío Baroja y otro de Unamuno gracias, entre otros aspectos, a su particular forma de construir las frases, utilizar los adjetivos, definir a sus personajes o planificar una trama argumental.

Siguiendo con este planteamiento, cabe observar que el mero hecho de poder distinguir entre dos estilos no nos autoriza a juzgar su calidad literaria (ni tampoco es ésa nuestra intención). A este respecto, nuestra propia sensibilidad como individuos puede estar más cercana a un determinado autor y sentirse más alejada de otro. Podemos identificarnos y disfrutar más con un texto de Vázquez Montalbán que con otro de Cela. Sin embargo, la calidad literaria de ambos autores está suficientemente contrastada. Por tanto, no podemos decir que un estilo sea mejor o peor que otro; simplemente, debemos reconocer su carácter único y personal (y aspirar a conseguir nuestro propio estilo).

ESTILO COMO DEFINICIÓN PERSONAL

Ya que nuestra intención es aprender a escribir correctamente, resultaría pretencioso querer determinar nuestro estilo personal desde el principio. Recurriendo a un refrán especialmente útil en cualquier proceso de aprendizaje, no se debe empezar la casa por el tejado. Por esta razón, el objetivo de esta obra es dar al lector una serie de herramientas fundamentales para que, gracias a su particular grado de dedicación y perseverancia en la práctica, consiga descubrir y desarrollar su propio estilo.

No deje que le intimiden unas aspiraciones demasiado elevadas. El camino es largo y, en ocasiones, penoso, pero los resultados a medio plazo serán realmente satisfactorios. Y, para empezar, dispone ya de varios instrumentos esenciales:

- ◆ el uso de un lenguaje plenamente consolidado, cuya dilatada tradición escrita le respalda;
- ◆ una normativa lingüística comúnmente aceptada, que le servirá de base formal para adentrarse en un terreno más creativo,
- ◆ y, por último, un conocimiento innato de los recursos sintácticos y léxicos de la lengua que, gracias a los consejos que se darán a lo largo de esta obra, podrá manejar y controlar con total soltura.

15. CUALIDADES BÁSICAS DE UN BUEN ESTILO

Como hemos podido comprobar en el apartado anterior, resulta imposible para nosotros determinar el grado de calidad de un estilo literario. En cambio, sí podemos intentar amoldar nuestro modo de escribir a una serie de parámetros que los estudiosos definen como las cualidades esenciales de un buen estilo. Pero, como en la mayoría de disciplinas, también en este ámbito surge la controversia a la hora de establecer la relación de criterios fundamentales. En este apartado intentaremos determinar cuáles son las cualidades básicas a las que debemos aspirar para iniciarnos en el camino de la buena escritura.

ENFOQUE BÁSICO

A través del análisis de aquello que los eruditos consideran como esencial a la hora de definir un buen estilo, podremos deducir cuáles son las características más apropiadas para el proceso de aprendizaje que proponemos en estas páginas.

En primer lugar mencionaremos a una de las autoridades más destacadas en el campo de la lingüística y la literatura, Fernando

Lázaro Carreter. Para el presidente de la Real Academia de la Lengua Española, las cualidades esenciales que debe tener cualquier texto son las siguientes: *naturalidad*, *claridad* y *concisión*. Sin duda, éstos son los parámetros fundamentales que debe perseguir todo escrito que se considere bien redactado.

Otro de los grandes eruditos de nuestra lengua, el académico de la Lengua Rafael Lapesa, plantea una nueva y más extensa relación de cualidades que debe tener todo texto bien escrito. Entre éstas, destaca como esenciales las siguientes: claridad, propiedad, vigor expresivo, decoro, corrección, armonía, abundancia y pureza.

OTROS ENFOQUES

Sin embargo, existen múltiples variedades de textos, lo que exige introducir nuevos criterios y matices. En el caso del estilo informativo periodístico, por ejemplo, algunos estudiosos como el profesor Emil Dovifat consideran necesario sacrificar la concisión en aras de **una construcción que capte la atención**. Algunos van aún más allá y establecen una relación de objetivos realmente extensa. Gonzalo Martín Vivaldi plantea una prolija lista de criterios y requisitos básicos para el estilo informativo: claridad, concisión, densidad, exactitud, precisión, sencillez, naturalidad, originalidad, brevedad, variedad, atracción, ritmo, color, sonoridad, detallismo, corrección y propiedad.

Pero tampoco hemos de olvidar que, según el tipo de textos que pretendamos escribir, no siempre es indispensable respetar los parámetros esenciales. Baste recordar que el objetivo principal de una buena parte de la literatura es, precisamente, transgredir esas cualidades de naturalidad, claridad y concisión.

No obstante, lo que pretendemos en esta obra es el aprendizaje de la base necesaria para escribir correctamente. Por ello, nuestro objetivo principal consiste en enseñar las técnicas fundamentales de la buena redacción y no de la buena literatura. Sólo a partir de la primera podremos acceder a la segunda. Con tal fin, centraremos las cualidades estilísticas necesarias en los siguientes criterios:

CLAVES DE UN BUEN ESTILO
Coherencia
$\updownarrow$
Unidad
Naturalidad
$\updownarrow$
Originalidad
Concisión
$\updownarrow$
Claridad
Corrección
$\updownarrow$
Propiedad

16. COHERENCIA Y UNIDAD

Tanto en una simple carta comercial como en un ensayo o una novela, los conceptos de coherencia y unidad deben presidir el fondo y la forma del escrito. Estas cualidades están estrechamente interrelacionadas con el proceso general de redacción que estudiamos en capítulos precedentes, ya que de éste depende que consigamos otorgar a nuestro texto la cualidad necesaria de coherencia. Sólo a través de ésta, conseguiremos llegar a la idea de unidad que debe perseguir todo texto bien escrito.

CONCEPTO DE COHERENCIA

El concepto de coherencia está fundamentado en la relación que ha de establecerse entre las partes de un todo. Ya vimos en páginas anteriores cómo cualquier texto está compuesto por ideas que mantienen entre sí una relación jerárquica. Por tanto, uno de los pilares sobre los que se fundamenta el concepto de coherencia es el respeto por esa organización lógica de ideas, que es la que garantiza el proceso de comunicación.

La coherencia también debe estar firmemente sustentada sobre la forma que adopta el escrito. No se pueden variar de manera arbitraria los registros de vocabulario o las técnicas estilísticas de un texto. Sin embargo, y esto debe quedar muy claro, la coherencia no es antónimo de variedad. La propia dinámica interna del escrito nos dictará cuándo es necesario cambiar de nivel lingüístico o de técnica narrativa. En este sentido, la variedad entra a formar parte del sentido de coherencia.

CONCEPTO DE UNIDAD

La unidad puede considerarse como la consecuencia lógica del concepto de coherencia. Si conseguimos mantener la jerarquía lógica en la organización de ideas y amoldamos el tono y el estilo de nuestro escrito a las variaciones justas y precisas, estaremos en el buen camino para crear un texto unitario o, como suele decirse en el lenguaje coloquial, un texto «redondo». No es ésta una expresión vulgar, sino que se sustenta sobre una acertada imagen, fruto de la sabiduría popular: todos los elementos del escrito confluyen y giran en torno a un centro único, que es la idea central que pretendemos comunicar.

Por tanto, la idea de unidad se encuentra en el núcleo mismo del escrito, y es algo que apela directamente a la indisociabilidad entre forma y contenido, entre lo que los lingüistas, desde Ferdinand de Saussure, denominan como estructura superficial y estructura profunda.

CONSEJO ÚTIL

♦ Aunque una misma idea pueda expresarse de muy distintas maneras, siempre habrá una forma que resulte más adecuada o se amolde mejor a su contenido. A dicha forma sólo se puede llegar a través del concepto de unidad, consecuencia lógica de la coherencia interna del texto.

17. NATURALIDAD Y ORIGINALIDAD

Estas dos cualidades también presentan una íntima relación de dependencia: sólo expresándonos con naturalidad conseguiremos ser originales. No obstante, ambos conceptos han sido interpretados en ocasiones de modo un tanto desafortunado. No se debe confundir la naturalidad con lo campechano, ni la originalidad con lo estrambótico o lo chocante. En este apartado intentaremos definir con exactitud cuáles son los valores que estos dos factores pueden aportar a la creación de un estilo personal.

CONCEPTO DE NATURALIDAD

La naturalidad es un término que abarca un amplio espectro de contenidos. Uno de sus pilares fundamentales es la sinceridad, tanto hacia nosotros mismos como hacia aquellos a quienes nos dirigimos. Con esto queremos decir que el proceso de escritura, en tanto que nace de una íntima necesidad de comunicar, debe buscar la forma de expresión más acorde a nuestra manera de ser y de pensar.

Así pues, la naturalidad se constituye como una cualidad que pretende traducir sobre el papel nuestra personalidad individual.

Y esto es algo que no tiene nada que ver con el acto confesional de «desnudar el alma». Se trata de un concepto que se vislumbra en la manera de abordar los contenidos y que refleja nuestro punto de vista respecto al mundo que nos rodea. Pero también es una cualidad que influye sobre nuestra manera de escribir, en tanto que proyección de nuestra personalidad.

Por tanto, debemos aspirar a una forma de expresión natural, que evite la rigidez y permita que el texto fluya de manera libre y espontánea. Sin embargo, sólo podremos conseguirlo a partir de un esforzado trabajo de depuración que elimine los giros forzados o los elementos superfluos, y que, muy importante, no sea perceptible en el resultado final del texto.

CONCEPTO DE ORIGINALIDAD

Una vez más hemos de recurrir a la relación de causa-efecto para definir el concepto de originalidad, ya que éste es consecuencia directa del ejercicio de una expresión natural y fluida. Nadie mejor que Goethe para plasmar en una célebre sentencia esta estrecha interrelación: «La originalidad no consiste en decir cosas nuevas, sino en decirlas como si nunca hubiesen sido dichas por otro».

En este sentido hemos de rechazar la connotación de extravagancia que se ha atribuido erróneamente al concepto de originalidad. Éste no consiste en idear situaciones estrambóticas o absurdas, en construir frases epatantes o en utilizar palabras altisonantes. La originalidad es sinónimo de expresión de la personalidad, que debe fundamentarse en la creación de un estilo único e intransferible. Pero, nuevamente, hemos de insistir en que el proceso de aprendizaje es lento y que encontrar ese tono personal, tanto en los contenidos como en las formas, conlleva un gran esfuerzo de dedicación basado en la práctica periódica y continuada.

18. CONCISIÓN Y CLARIDAD

No hemos agrupado por binomios las cualidades básicas del buen estilo de forma gratuita. A pesar de que todas ellas guardan una estrecha interrelación y conforman, en bloque, los ingredientes necesarios para elaborar la buena escritura, las hemos presentado en parejas complementarias que permiten ilustrar mejor el proceso de creación textual. Éste es el caso de los conceptos de concisión y claridad, que presentan una estrecha relación fundamentada en un mismo objetivo: mejorar la comprensión del texto.

CONCEPTO DE CONCISIÓN

El refranero popular ha reflejado este concepto en una conocida máxima: «Lo bueno, si breve, dos veces bueno». Sin embargo, el sentido de esta palabra no siempre se ha entendido en su justa medida. La concisión no es sinónimo de un estilo lacónico, condensado e impersonal. Tampoco se opone a la abundancia, riqueza y variedad del escrito. Al contrario, su función es la de eliminar la verborrea excesiva, las redundancias superfluas o los contenidos inútiles.

Para alcanzar el grado de concisión óptimo se pueden utilizar una serie de recursos y técnicas que nos ayudarán a elaborar textos justos, precisos y concisos sin menoscabo de la riqueza expresiva:

♦ Elegir de forma cuidadosa y certera las palabras indispensables y significativas para expresar lo que realmente queremos decir, prescindiendo de elementos superfluos o banales. Así pues, si existe un sustantivo para nombrar correctamente un concepto, no utilizaremos en su lugar una larga y aburrida secuencia de adjetivos que pueden dar colorido al texto, pero que entorpecerán el ritmo natural de la frase.

♦ Si no se posee un dominio absoluto del lenguaje, la construcción de frases demasiado largas sólo servirá para poner de manifiesto nuestras deficiencias expresivas. Las oraciones breves y objetivas mejoran el nivel de exposición de las ideas, dan mayor agilidad al texto y favorecen la comprensión del lector.

CONCEPTO DE CLARIDAD

Si conseguimos el grado de concisión preciso, potenciaremos la claridad de nuestros textos. Por claridad se entiende que las ideas que expresemos no puedan ser mal interpretadas y reflejen lo que realmente queremos comunicar. El principal enemigo de este concepto es la ambigüedad o anfibología, esto es, la duplicidad de sentidos. Así, una frase como «Los gobernantes del país sólo buscaban su bienestar» ofrece dos significados posibles: el bienestar de los gobernantes o el bienestar del país. Debemos estar muy atentos a este tipo de frases ambiguas, que atentan contra la lógica y la coherencia del texto.

Por otra parte, la claridad se puede entender también como la condición que posibilita una comprensión fácil y rápida de las ideas que se expresan en un texto. Verse obligados a releer un párrafo porque no se ha entendido bien lo que el autor pretendía comunicar es una señal indicativa de que la exposición de ideas no ha sido la adecuada.

19. PROPIEDAD Y CORRECCIÓN

Terminamos este bloque sobre las cualidades básicas de un buen estilo con dos de los factores que más influyen en la calidad expresiva de un texto. Escribir con propiedad remite a la elección de las palabras justas y precisas para elaborar un escrito, y está fundamentado en el hecho de que, para nombrar cada concepto (salvo para lo inefable, claro está), existe un término exacto. Por lo que respecta a la corrección, constituye la cualidad más perceptible del proceso de escritura y está basada fundamentalmente en el conocimiento de las reglas de la sintaxis y el léxico, pero también en la aplicación de las convenciones lógicas del buen gusto y la armonía.

CONCEPTO DE PROPIEDAD

La propiedad está muy relacionada con la concisión y la claridad, ya que encontrar el término justo para expresar un concepto permite prescindir de explicaciones demasiado extensas, que pueden perturbar el ritmo natural de la escritura. Así pues, una frase como «Juan se da unos aires de grandeza...», inacabada y titubeante, se puede expresar propiamente como «Juan es un megalómano».

A este respecto, cabe llamar la atención sobre la relativa validez de los sinónimos. Sin duda son de gran ayuda para dar riqueza y variedad al texto, pero presentan varios riesgos. En esencia, no se puede decir que existan dos palabras con una sinonimia perfecta o absoluta. Cada vocablo presenta una serie de connotaciones semánticas (esto es, de matices de significado) que lo hacen prácticamente insustituible para definir un determinado concepto.

Pensemos, por ejemplo, en la diferencia entre tres palabras como «lástima», «compasión» y «piedad», tan cercanas entre sí a nivel semántico. Sin embargo, se deben contemplar diversas matizaciones que las diferencian a la hora de definir cada uno de esos sentimientos: la lástima presenta una carga menor de patetismo, se dirige normalmente hacia los animales y, en algunos casos, contiene una fuerte dosis de desprecio; la compasión adopta un matiz más afectivo e implica una mayor participación en la desgracia ajena, que alcanza su máximo grado en la piedad, donde la implicación llega a ser incluso dolorosa.

CONCEPTO DE CORRECCIÓN

Este término sirve para definir tanto el proceso en sí como el resultado final. Por lo que se refiere al primero, el procedimiento concreto de corrección de un texto ya fue explicado convenientemente en un apartado anterior. Mediante el acto de revisión llegaremos por último a lo que se denomina la «corrección» del texto, que no se limita a la observancia de las reglas gramaticales y léxicas, sino que redunda en otros aspectos del lenguaje como:

♦ **La armonía:** suprimir las redundancias y cacofonías.
♦ **El decoro:** eliminar expresiones que atentan contra el pudor.
♦ **La pureza:** evitar barbarismos y extranjerismos innecesarios.

20. CÓMO CREAR UN ESTILO PERSONAL

Resulta muy difícil dar claves para la creación de un estilo personal. Ya apuntamos anteriormente la imposibilidad para el neófito de dictaminar sobre la calidad estilística en el ámbito literario. Los mismos obstáculos encontraremos a la hora de establecer pautas para conformar un lenguaje escrito personal. Ahora bien, si seguimos los consejos ofrecidos en páginas anteriores referentes a las cualidades básicas del estilo, dispondremos de las herramientas fundamentales para adentrarnos con mayores garantías en el complejo universo de la buena escritura.

CUALIDADES FUNDAMENTALES

Cualquiera que sea nuestro objetivo, desde la redacción básica hasta la literatura creativa, hemos de aspirar siempre a la elaboración de un estilo personal. Y, para ello, debemos hacer hincapié en las dos cualidades básicas del apartado 17: naturalidad y originalidad. Sólo a partir de una actitud llana, humilde y sincera con nosotros mismos, podremos alcanzar nuestros propósitos en este terreno.

La buena escritura es una carrera de fondo; por tanto, no pretenderemos llegar a la meta ya desde el punto de salida. Con esta imagen queremos llamar la atención sobre la necesidad de la práctica y la lectura continuadas, que son también dos pilares fundamentales para acceder al dominio del lenguaje escrito.

CULTIVO DEL PROPIO ESTILO

Como acabamos de decir, conseguir un estilo personal es un trabajo de dedicación. Sin embargo, el germen de nuestra personalidad creativa se encuentra ya en todos aquellos textos que redactamos en épocas anteriores. Partiendo del análisis de estos escritos, podremos comprender muchas claves sobre nuestra manera de abordar los textos: los vicios estilísticos más comunes que deberíamos evitar, las lagunas y deficiencias en ciertos aspectos de construcción de frases o párrafos, y las virtudes que deberíamos potenciar. De este modo, dispondremos de una base más fiable sobre la que apoyar nuestro trabajo de desarrollo y perfeccionamiento del estilo personal.

Pablo Picasso, uno de los artistas más representativos de nuestro siglo, condensó en una célebre sentencia este trabajo retroactivo de recuperación de lo esencial: «Me he pasado la mitad de mi vida intentando dominar la técnica, y ahora estoy pasando el resto de mi vida para intentar olvidarla y recuperar la pureza del niño».

LA IMITACIÓN DE UN ESTILO

Aparte de las cualidades esenciales de naturalidad, originalidad y dedicación, una de las estrategias que permiten acceder a las claves de la creación de un estilo personal es la imitación. No estamos hablando de plagio o calco, sino de una práctica lúdica que nos servirá para conocer cómo escriben los demás, para descifrar los recursos y técnicas que utilizan y para descubrir sus pautas estilísticas.

No se trata de empezar imitando a los grandes autores literarios. Se puede comenzar trabajando con escritos menores: una carta de un amigo, un texto publicitario o un cuento infantil. Uno de los procedimientos más útiles consiste en coger un fragmento del texto e intentar continuarlo. Así pues, antes de iniciar el ejercicio propiamente dicho, analizaremos las claves estilísticas más predominantes al objeto de aplicarlas en nuestra «imitación».

Esta estrategia nos resultará de gran utilidad para:

♦ Aprender técnicas y recursos de estilo que mejorarán nuestro conocimiento de la redacción y la creación;
♦ Cambiar nuestra perspectiva sobre la manera de abordar los textos y enriquecer nuestra visión del mundo;
♦ Percibir la dificultad que entraña la imitación de un estilo, ya que no surge de una actitud espontánea y natural;
♦ Esto nos llevará a comprender mejor cuál es nuestra propia postura a la hora de enfrentarnos a un texto, cuáles son nuestras elecciones ante las distintas alternativas estilísticas y cuál es el tono general que mejor se adapta a nuestra personalidad creativa.

PRÁCTICAS

1. Recupere sus antiguos cuadernos de estudiante (si está aún en etapa de formación académica, los escritos de cursos anteriores), así como cualquier otro texto de épocas pasadas. Ordénelos cronológicamente, analícelos a fondo y extraiga conclusiones acerca de los siguientes puntos:
   - Cuáles son los recursos estilísticos más utilizados;
   - Cómo ha evolucionado su estilo a lo largo de las diversas etapas de su vida.

2. Todos tenemos cartas guardadas en algún cajón de nuestro escritorio, que fueron redactadas por alguna persona con la que hemos perdido el contacto. Coja alguna de estas epístolas al azar y léala varias veces. Ello le servirá para recordar, a través del análisis de su estilo, la personalidad de su autor.

A continuación, seleccione un par de párrafos de la carta y aventúrese a proseguirlo. Para empezar, tenga en cuenta los siguientes aspectos:

- Construcción de las frases (cortas, largas, simples, subordinadas...);
- Sistema de adjetivación (adjetivos o frases relativas, mayor número de calificativos, explicativos o epítetos, secuencias de uno, dos o más adjetivos...);
- Tono general (narrativo, descriptivo, coloquial, tendente a la ironía, al humor...).

3. Escoja al azar algún fragmento de uno de sus autores favoritos, a ser posible de un libro que no haya leído con anterioridad. Si está familiarizado con el estilo habitual del autor, le resultará más fácil realizar el ejercicio de continuar dicho fragmento durante unas quince o veinte líneas.

Esta práctica resultará más difícil pero fructífera si escoge a un escritor que le resulta completamente desconocido, o también si elige el texto de un autor de sexo distinto al suyo.

IV. NIVELES DEL LENGUAJE

21. PRINCIPALES NIVELES LINGÜÍSTICOS

Somos muy conscientes de que, al hablar, utilizamos siempre registros de lenguaje distintos. No nos dirigimos del mismo modo a un profesor universitario que a un dependiente de unos grandes almacenes, ni empleamos los mismos recursos verbales cuando hablamos con un anciano o con un niño. Lo mismo sucede en el terreno de la escritura, donde el receptor ejerce tal grado de influencia que determina el tono, el estilo y el nivel de lenguaje utilizados en el texto escrito.

QUÉ SON LOS NIVELES LINGÜÍSTICOS

Con este nombre se designa a los distintos tipos de lenguaje que se utilizan en el ámbito de la escritura. Está muy relacionado con lo que se denomina «sociolingüística», esto es, la ciencia que estudia las relaciones entre lenguaje y sociedad. Los fundamentos de esta disciplina se basan en que el conocimiento lingüístico no está igualmente repartido entre las distintas capas sociales, algo que, afortunadamente, tiende cada vez más a la homogeneización.

Sin embargo, la estratificación de los distintos niveles de lenguaje se ha visto reflejada a lo largo del tiempo tanto en la escritura convencional como en la de ámbito literario. Por ello, es conveniente conocer cuáles son estos niveles y cuál es su influencia sobre el estilo a la hora de escribir.

NIVELES FUNDAMENTALES

Cuando el lenguaje refleja el distinto nivel sociocultural de varios estratos sociales se habla de variedades diastráticas. Dentro de la comunicación oral, las principales son:

♦ **El lenguaje formal:** más elaborado, cuidado y matizado;
♦ **El lenguaje vulgar:** más restringido, desatendido y vivo.

Sin embargo, estas variedades diastráticas tienen diversas traducciones en el ámbito de la escritura, según sea la clase de texto a que nos enfrentamos. Así por ejemplo, no abordaremos del mismo modo una carta amistosa (donde predominará el lenguaje coloquial, muy emparentado con la variedad vulgar), un trabajo divulgativo (con preponderancia del nivel formal, más expositivo) o un relato de ficción (donde pueden alternar ambos registros idiomáticos).

De todos modos, siempre es conveniente conocer el mayor número posible de niveles lingüísticos para poder pasar de unos a otros con naturalidad. Ello nos aportará un mayor dominio de la lengua, especialmente en su desarrollo escrito, ya que nos permitirá reflejar en los textos realidades muy dispares.

♦ **Lenguaje coloquial**
♦ **Lenguaje profesional**
♦ **Lenguaje literario**

22. CARACTERÍSTICAS
DEL LENGUAJE COLOQUIAL

El registro lingüístico coloquial se caracteriza por su acercamiento intencionado a la lengua hablada. Ello conlleva una contradicción, un choque entre las particularidades de cada uno de esos lenguajes que, en algunos casos, puede llegar a la incorrección gramatical o léxica. Sin embargo, resulta de gran utilidad a la hora de reflejar situaciones en las que predomina el realismo narrativo (desde cartas a relatos) o en las de carácter dramático o teatral (transcripción de diálogos).

LENGUAJE COLOQUIAL Y LENGUAJE VULGAR

En tanto que aproximación al lenguaje oral, el nivel coloquial intenta reflejar el aire propio del habla cotidiana. Ello implica un conocimiento de la estratificación del lenguaje hablado que, además de la variedad diastrática vulgar, contempla la variedad diatópica de los regionalismos:

♦ **Vulgarismos:** palabras, giros y expresiones que reflejan el habla de personas no instruidas (no necesariamente el controvertido concepto de clase social);

♦ **Regionalismos:** palabras, giros y expresiones que reflejan el habla de un determinado lugar, alejándose del estándar de la lengua común.

A pesar de la voluntad de huir de estas formas del lenguaje, su utilización es necesaria, por varias razones, en contextos escritos muy determinados:

♦ En textos que exigen una aproximación afectiva al receptor (es el caso de las cartas amistosas);
♦ En textos que requieren una alta dosis de realismo (el género narrativo o el costumbrista) o dramaturgia (transcripción de diálogos en relatos de ficción o teatro).

Además, el conocimiento de este nivel lingüístico es muy necesario para poder detectarlo y suprimirlo en aquellos textos que no requieran la inclusión de registros idiomáticos vulgares, como es el caso de los escritos científicos, profesionales o ensayos.

CARACTERÍSTICAS FUNDAMENTALES DEL LENGUAJE COLOQUIAL

En su acercamiento deliberado a la lengua normalmente hablada, el registro coloquial presenta una serie de particularidades que están muy relacionadas con el cuadro que aparecía en la página 20 de esta obra. Entre las más características se han de citar las siguientes:

♦ Utilización de vulgarismos, regionalismos y neologismos que tienen su origen en estratos marginales:
El currelo está muy mal.
Me sabe mal lo que ha pasado (catalanismo).

El colegui ha salido del trullo.

♦ Preferencia por las construcciones sintácticas simples o poco cuidadas, que en muchos casos llegan a la incorrección gramatical:

El piso es grande y con terraza.

¡Vaya cochazo!

Me se habrá caído del bolso.

♦ Utilización de repeticiones y latiguillos:

Venga, come, come, que te harás grande.

¿Sabes lo que te quiero decir?

♦ Frases inacabadas, especialmente por sobreentendidos:

Como no vengas ahora mismo te voy a...

Agua que no has de beber...

♦ Empleo de interjecciones y múltiples signos de puntuación que intentan traducir la viveza expresiva del lenguaje hablado:

¡Ay, qué alegría me da verte...!

¡¿Que no te lo crees?!

¿Cómo te atreves a decirme eso...?

CASOS ESPECIALES: LAS JERGAS

Este tipo de lenguaje responde a las necesidades de un determinado grupo social, cultural o profesional que pretende diferenciarse por diversas razones de otros hablantes a quienes consideran de distinta categoría. Estos registros especiales sólo pueden ser empleados dentro del círculo restringido de dicho grupo, y deberían ser considerados como «vulgarismos» cuando se utilizan en contextos en los que resultan ininteligibles.

No obstante, como en el caso del registro idiomático vulgar, siempre resulta conveniente conocer o saber reconocer estas palabras jergales para poder evitarlas en contextos poco adecuados o para poder reflejar con mayor realismo un determinado círculo profesional. Así, por ejemplo, en la redacción de informes o ensayos laborales relacionados con diversas disciplinas científicas la utilización de ese lenguaje específico resultará ineludible. También algunos ámbitos cerrados como el mundo taurino, el carcelario o el de diversos deportes han elaborado sus propias jergas, en ocasiones incomprensibles para el neófito.

Por último, un caso muy singular, pero que se repite generación tras generación, es el del lenguaje de la juventud. Su propósito es casi siempre el mismo: afirmarse frente al mundo de los adultos, creando un lenguaje propio que, al no ser comprendido por los mayores, intenta aparentar un cierto grado de superioridad y distanciamiento. Multitud de palabras y giros lingüísticos son creados por los jóvenes para marcar esa barrera que tanto cuesta traspasar.

PRÁCTICA

♦ Resultaría una tarea demasiado ardua enumerar en esta obra las características propias de cada jerga. Pero, para favorecer el desarrollo de sus dotes de observación, le proponemos que vea por televisión una retransmisión taurina o, si es contrario a este tipo de actos, un programa juvenil o musical. Anote todos los rasgos distintivos del lenguaje utilizado (palabras, construcciones, giros, tonos, etc.) y compárelos con el registro lingüístico que emplea usted normalmente.

23. CARACTERÍSTICAS
DEL LENGUAJE PROFESIONAL

En el apartado anterior acabamos de hacer referencia a las jergas y su vinculación a determinados ámbitos profesionales. Sin embargo, hemos de rechazar el tópico que, con frecuencia, atribuye un cierto matiz peyorativo a «jerga» y lo equipara a «jerigonza» (familiarmente, lenguaje de mal gusto y difícil de entender). En el presente epígrafe vamos a referirnos a los niveles lingüísticos relacionados con distintos ámbitos laborales. A pesar de que cada oficio se caracteriza por una terminología técnica y algunas expresiones específicas, el lenguaje profesional utilizado en todos ellos presenta una serie de rasgos comunes que estudiaremos en este apartado.

VARIEDADES DEL LENGUAJE PROFESIONAL

El registro conocido como profesional se presenta compartimentado en numerosos bloques de lenguaje que, podríamos decir, corresponden a cada trabajo u oficio. Así, el nivel lingüístico utilizado por la economía, la administración o la jurisprudencia resulta bastante oscuro e incomprensible para el ciudadano medio, que se siente avasallado por términos y expresiones como «déficit público», «inflación a la baja», «lanzamiento de una OPA» o «testigo aforado». Del mismo modo, muchas de las personas que utilizan esa terminología no comprenderán el vocabulario empleado por un ama de casa, un estilista o un cocinero.

Un médico, un profesor universitario, un economista o un físico nuclear están obligados a plantear por escrito todos los conocimientos de su disciplina a través de diagnósticos, informes, circulares, estudios de mercado, etc. Pero también un administrativo, una secretaria, un periodista o un jefe de personal deben utilizar el lenguaje escrito en una gran parte de los menesteres propios de su oficio.

CARACTERÍSTICAS FUNDAMENTALES

Tal como apuntamos en la introducción, la transcripción escrita del nivel lingüístico profesional responde a unos patrones bastante similares. Si superamos el obstáculo que puede suponer el desconocimiento del sistema terminológico específico, encontraremos una base formal que responde, en esencia, a los siguientes criterios:

♦ Exposición objetiva de razonamientos y juicios, evitando el énfasis en las manifestaciones de interés o emoción.
♦ Búsqueda esencial de la claridad y la exactitud. La propiedad, basada en una terminología muy definida, se convierte en el objetivo fundamental del escrito y cada concepto debe ser expresado con su palabra pertinente.
♦ El estilo personal pasa a un plano secundario, ya que lo importante es la información objetiva.

TERMINOLOGÍA ESPECÍFICA

Es necesario insistir en la importancia de traspasar la barrera del sistema terminológico específico. Cabe destacar que estos lenguajes se convierten en vías de penetración de neologismos, procedentes principalmente del inglés, que, en la medida de lo posible, deben adaptarse a nuestro idioma. Algunos ejemplos de este vocabulario técnico son:

- ♦ **Lenguaje jurídico:** desacato, alevosía, eximente, estupro, suplicatorio, contencioso, apelación, imposición de costas...
- ♦ **Lenguaje comercial:** balance de pagos, déficit, superávit, productividad, ampliación de mercado o de producto...
- ♦ **Lenguaje musical:** clave, sonata, pentagrama, sinfonía, escala, bemol, semifusa, corchea, cuerda, viento, cantata...
- ♦ **Lenguaje lingüístico:** morfema, alveolar, isoglosa, hiato, lexema, fricativa, velar, implosión, idiolecto, prolepsis...

CARACTERÍSTICAS FORMALES

- ♦ Se prefiere el término abstracto a las explicaciones más largas o a las proposiciones subordinadas.
  El problema que se ha de resolver se sustituye por *La resolución del problema.*
- ♦ Construcciones sintácticas en las que predominan las formas pasivas reflejas e impersonales o el plural de modestia, con lo cual se atenúa la presencia del agente de la acción.
  La planificación se organizará (no *será organizada*) *en tres fases.*
  Se impone una rápida solución al conflicto.
  En el siguiente capítulo abordaremos el problema.
- ♦ Utilización de fórmulas fijas, así como expresiones y giros sintácticos preestablecidos.
  Considerando que a los efectos de imposición de costas...
  Resultando que, instruidas las partes...
  Se requiere buena presencia.

- ♦ Empleo de la tercera persona del singular en detrimento de la primera, ya que favorece la objetividad y claridad del texto.
- ♦ Las repeticiones de términos son permisibles en aras de la propiedad lingüística.
- ♦ Evitar en la medida de lo posible los signos de puntuación enfáticos (exclamaciones, interrogaciones, puntos suspensivos, etc.).
- ♦ No abusar de los incisos entre paréntesis, guiones o corchetes. Las notas a pie de página pueden resultar más clarificadoras.

CONSEJO ÚTIL

- ♦ Aunque anteriormente hicimos referencia a que el estilo pasa a un plano secundario, el texto profesional no debe convertirse en algo rígido o insulso. Por el contrario, el mejor escrito de estas características es el que compensa la posible aridez del tema con una finura y un cuidado del lenguaje que, al mismo tiempo, faciliten la comprensión.

24. CARACTERÍSTICAS DEL LENGUAJE LITERARIO

Es muy probable que nuestro objetivo principal no sea el de convertirnos en grandes autores o literatos. Tampoco es ésa la pretensión de este libro, sino tan sólo aportar los conocimientos y útiles necesarios para dominar las técnicas esenciales de la redacción. No obstante, también consideramos que un somero análisis sobre el peculiar uso del lenguaje en el ámbito literario puede resultar muy útil para mejorar, enriquecer y perfeccionar nuestras posibilidades expresivas y nuestra visión de la creación escrita.

FUNCIÓN POÉTICA

Como ya apuntamos en el apartado 4 de esta obra, cuando escribimos algo con voluntad poética estamos concediendo al mensaje, al texto en sí, una importancia que sobrepasa en cierta medida al emisor y al receptor. Podemos resumirlo en los siguientes puntos:

♦ El mensaje intenta llamar la atención sobre sí mismo, captar la atención del lector mediante una trama sugerente o por medio de distintos artificios conceptuales y formales.

- Aunque se suela comparar con el nivel de lengua escrita culta, el autor o emisor presenta una mayor libertad creativa que le puede llevar a privilegiar la estética del texto por encima de la voluntad de ser comprendido por el lector.

- En contradicción con lo que acabamos de apuntar, el receptor desempeña también un papel muy destacado, ya que todo el mundo escribe para ser leído (incluso, en el caso del diario íntimo, para ser leído por uno mismo).

A continuación estudiaremos por separado los conceptos de texto, autor y lector en relación a la obra literaria.

ESTÉTICA DEL TEXTO

Muchos estudiosos conceden a la idea de estética literaria la capacidad de crear «extrañeza» en el lector. Este concepto, en el que confluyen nociones como el asombro, el desconcierto, lo anómalo y la maravilla, es uno de los que persiguen con más ahínco los autores literarios. Por esta razón, en los textos considerados como literarios encontramos una serie de técnicas y recursos destinados a producir esa «extraña» sensación, que resulta casi imposible de definir o describir. En posteriores apartados tendremos ocasión de profundizar en el conocimiento de estos rasgos distintivos.

TEXTO Y AUTOR

Es evidente que en el texto literario el concepto de estilo alcanza una importancia crucial como reflejo de la personalidad del autor. En este contexto, «estilo» se convierte en un sinónimo bastante aproximado de «autoría». Es al autor a quien corresponde determinar, con total libertad, la selección de los métodos expresivos que se han de utilizar, sin más coacción o cortapisa que la necesidad de comunicar o transmitir el mensaje que se pretende.

Con ello queremos decir que el escritor adopta lo que se podría denominar «voluntad de forma», que consiste en otorgar al texto su propia estética, ética y estilo. Por tanto, el autor se convierte en demiurgo de su obra y adquiere todos los derechos sobre su creación.

TEXTO Y LECTOR

A pesar del alto grado de autonomía de que gozan tanto el texto como el autor, la función del lector se convierte también en un aspecto determinante de la creación. Es cierto que, cuando se escribe con intención literaria, el autor no está pensando en que su obra estará dirigida a un determinado tipo de público, o simplemente lo hace por el mero placer de la creación estética.

Sin embargo, también es verdad que el hecho de escribir implica comunicación y, por tanto, la necesidad de que exista un receptor de su mensaje. Sea cual sea la amplitud de ese círculo de lectores (desde el más afamado *best-seller* hasta el diario íntimo), el texto literario requiere de un determinado público que dé sentido a la creación: los originales guardados en el cajón de un escritorio son como papel mojado.

CARACTERÍSTICAS FUNDAMENTALES

En este epígrafe no haremos una explicación detallada de los rasgos y figuras más utilizados en el lenguaje de finalidad creativa, algo que reservamos para capítulos posteriores, sino que nos centraremos sobre el análisis de las cualidades fundamentales del nivel literario:

- Abundancia y variedad del léxico, con un rico cultivo del vocabulario y un intento de evitar las repeticiones si no es con voluntad estilística.
- Búsqueda del ritmo de las secuencias escritas, que debe apoyarse sobre una variación en el plano sintáctico; esto es, no se deben utilizar constantemente los mismos esquemas de construcción, sino que debe existir una alternancia que, en ningún momento, ha de alcanzar el exceso de musicalidad.
- Utilización de abundantes figuras tanto conceptuales como formales (son las que estudiaremos más adelante).
- Búsqueda consciente de la originalidad a partir de la creación de un estilo personal, en el que influyen tanto la invención de los contenidos como la recreación del mundo desde la perspectiva de autoría.

SEGUNDA PARTE

DOMINAR LA TÉCNICA
DE LA REDACCIÓN

Una vez analizados los fundamentos teóricos sobre los que se sustenta el arte de la redacción, pasamos a un bloque temático de carácter mucho más práctico y que seguramente resultará más atractivo para los lectores. En esta segunda parte estudiaremos las claves esenciales para acceder al conocimiento apropiado de aspectos básicos como la ortografía, la puntuación y la sintaxis, así como el manejo de los principales recursos utilizados en el lenguaje literario.

V. UNIDADES BÁSICAS
DE LA REDACCIÓN

25. LOS SONIDOS

El sonido es la materia prima básica y elemental del proceso de creación escrita. Es preciso tener en cuenta que todo lo que transcribimos sobre el papel tiene su traducción en el plano fónico y que el proceso de lectura, más allá de la mera declamación, está íntimamente relacionado con factores como la sonoridad, la entonación y la musicalidad. Iniciamos este segundo bloque temático con un análisis que nos permitirá apreciar la importancia que presentan los sonidos en el campo de la escritura.

EL SONIDO EN EL TEXTO

Está bastante generalizada la creencia de que cuidar la calidad fónica de lo escrito es materia reservada a ámbitos creativos como la lírica. Es cierto que en la poesía es donde más evidente se hace la sonoridad del lenguaje. Pero también lo es que cualquier texto, desde un trabajo científico hasta una novela, debe prestar la máxima atención a los sonidos que le dan cuerpo. En este sentido, existen una serie de vicios fónicos que pueden empobrecer considerablemente la calidad de un texto y que se deben evitar en la medida de lo posible. En el siguiente epígrafe analizaremos algunas de estas deficiencias que afectan de manera negativa a la sonoridad de un texto.

PRINCIPAL VICIO FÓNICO: LA CACOFONÍA

La cacofonía consiste en la repetición de fragmentos fónicos que provocan un efecto sonoro desagradable. La mayor parte de estos vicios de sonoridad tienen su origen en la morfología propia del lenguaje, principalmente en los sufijos o partículas finales de las palabras. Los casos más flagrantes se producen, por lo general, con las terminaciones de los tiempos verbales y con sufijos como *-ísimo*, *-ción* o *-mente*.

Consejos para evitar la cacofonía

Las posibilidades que ofrece un idioma tan rico como el español nos permite encontrar recursos para evitar la constante repetición de palabras acabadas con las partículas mencionadas anteriormente:

♦ Los superlativos terminados en *-ísimo* pueden ser sustituidos por giros como *de gran* + *sustantivo* o *de extrema* + *sustantivo*.

♦ Mayores dificultades encontraremos en la unión de varias palabras acabadas en *-ón*, *-ción* o *-al*, ya que siempre debe primar la propiedad lingüística por encima de la sonoridad del estilo. Sin embargo, siempre se puede reconstruir la frase o buscar un sinónimo apropiado al contexto.

♦ Las palabras finalizadas en *-mente* pueden ser reemplazadas por locuciones del tipo *de modo* + *adjetivo* o *de manera* + *adjetivo*. En este sentido, recuerde que cuando dos adverbios acabados en *-mente* aparecen unidos por una conjunción, la partícula sólo acompaña al último de ellos: *Lo resolvió rápida y eficazmente.*

OTROS VICIOS QUE SE DEBEN EVITAR

En aquellos textos en los que la función estética no es predominante, se debe evitar en lo posible escribir de una manera que potencie el afectamiento o la musicalidad excesiva del texto. Para ello, podemos recurrir a las siguientes estrategias:

♦ Evitar el empleo de palabras poco usuales, ya que perturban la fonética general del lenguaje. En este ámbito se incluyen arcaísmos, cultismos y neologismos que no se adaptan cronológicamente al contexto actual.

♦ Pero, sobre todo, cabe hacer referencia a los anglicismos que están invadiendo nuestro idioma y que en la mayoría de los casos son absolutamente imprescindibles. Incluso en el caso de conceptos nuevos derivados de los avances tecnológicos, el español posee una formidable capacidad de absorción y adaptación de esos barbarismos.

♦ También se deben evitar los apareamientos de palabras y construcciones sintácticas, siempre que éstos no sirvan para hacer progresar o reforzar el mensaje que se está transmitiendo.

FIGURAS FÓNICAS EN LA LENGUA LITERARIA

Con el nombre de «figuras» se designa a todas aquellas anomalías con respecto al nivel lingüístico normal destinadas a provocar la ya mencionada «extrañeza» en el lector. La lengua literaria utiliza las enormes posibilidades fónicas que ofrece nuestro idioma para crear sensaciones y juegos sonoros que captan la atención del lector y la dirigen hacia el texto.

Las principales figuras fónicas, basadas fundamentalmente en los conceptos de repetición y apareamiento, son las siguientes:

♦ **Aliteración:** Consiste en la repetición de un fonema o una secuencia de fonemas, con intención de que sean percibidos por el lector. Sin duda una de las aliteraciones más conseguidas es la de Rubén Darío: *Con el ala aleve del leve abanico*, que nos hace sentir prácticamente el aleteo y la suave brisa provocada por el abanico.

♦ **Onomatopeya:** Además de designar la palabra formada por imitación del sonido del objeto o animal que lo produce (el tictac del reloj, el quiquiriquiquí del gallo), el valor onomatopéyico puede lograrse también con la reiteración de fonemas que pretenden imitar un determinado sonido. Uno de los ejemplos más célebres lo debemos a la mística pluma de san Juan de la Cruz: *El silbo de los aires amorosos*, donde la repetición de los fonemas *r* y *s* nos transmite el suave rumor del viento.

RECUERDE

♦ Los apareamientos y repeticiones de sonidos suelen perjudicar la calidad del texto no literario, ya que desvían la atención del lector de lo que realmente importa: el mensaje.

---

26. LA PALABRA

En mayor medida que el sonido, la palabra se considera la unidad básica de la redacción. La definición que ofrece el Diccionario de la Lengua de la Real Academia Española es la siguiente: «Sonido o conjunto de sonidos articulados que expresan una idea»; y, en otra acepción, «representación gráfica de esos sonidos». En torno a estas dos definiciones centraremos el estudio sobre lo que la palabra representa en el contexto de la escritura: más allá de su concepción como objeto abstracto y cerrado, la palabra constituye una fuente de sugerencias y sensaciones que confieren al texto su carga funcional y afectiva.

PALABRA Y PROPIEDAD

Desde el inicio de esta obra hemos intentado transmitir al lector que la escritura no consiste sólo en ensartar palabras, una tras otra, sin respetar sus pautas sintácticas y semánticas. En este sentido, la función de la palabra en el texto está íntimamente relacionada con el concepto de propiedad. Así pues, podemos afirmar que la calidad del escrito depende en gran medida de la elección de los términos que lo conforman. Sin embargo, este proceso de selección de palabras debe responder a una serie de criterios que servirán para enriquecer el nivel cualitativo del escrito.

CRITERIO FUNDAMENTAL DE SELECCIÓN DE PALABRAS

Una de las normas esenciales es la de conocer realmente el significado de las palabras que empleamos. A diario estamos recibiendo una avalancha de términos procedentes de múltiples fuentes, especialmente de los medios de comunicación. Ello ocasiona que muchas palabras nos «suenen», pero que en realidad no conozcamos su significado real ni el contexto en que deben ser usadas.

La tentación de emplear esos términos sólo nos servirá para incurrir en dos graves errores: la pedantería absurda o la equivocación patética. Por ello, antes de emplear una palabra de cuyo significado no estamos seguros hemos de cerciorarnos de que ésta sirve para expresar lo que realmente queremos comunicar.

OTRAS NORMAS QUE SE DEBEN CONTEMPLAR

- ♦ Conocer bien las propiedades sintácticas y semánticas de las palabras utilizadas. Así pues, debemos prestar especial atención a su función gramatical, a su género y número y a sus posibles connotaciones de significado.
- ♦ Por otra parte, es preciso mostrar una tendencia hacia la sencillez y la simplificación en la elección de los términos, al objeto de potenciar la concisión, claridad y naturalidad del texto. A este respecto resulta muy ilustrativo el ejemplo que, con notable ironía, ofrecía Antonio Machado para criticar la artificiosidad en el lenguaje: *Los eventos consuetudinarios que acontecen en la rúa* se puede decir, con mayor sencillez, *Lo que pasa en la calle*.

♦ Asimismo, se deben rehuir los tópicos que acentúan la rigidez del lenguaje. Nos referimos especialmente a los bloques monolíticos de palabras que se convierten en lugares comunes de un idioma. Se trata de expresiones y grupos de palabras que, por muy diversas razones, se han convertido en tópicos del lenguaje. En este apartado se cuentan tanto los epítetos (*blanca nieve*, *máxima urgencia*) como algunos giros lingüísticos utilizados hasta la saciedad, por ejemplo *poner un broche de oro* o *ser recibido en loor de multitudes.* Especialmente durante el proceso de aprendizaje y perfeccionamiento de la lengua escrita, debemos evitar estos lugares comunes que hacen del idioma un código de comunicación rígido y estanco, y obstaculizan el desarrollo del factor de la originalidad.

♦ También se deben evitar en lo posible las repeticiones de palabras, excepto cuando se persiga crear un determinado efecto estilístico que potencie la fuerza del mensaje. Nuestro idioma presenta una notable riqueza polisémica y sinonímica, que permite rehuir las repeticiones de palabras idénticas o de los derivados de un mismo vocablo.

♦ Por otra parte, hay que estar atentos a la utilización de las palabras que mejor se adecuan a un contexto determinado. Por ejemplo, algunos adjetivos como *ebúrneo* o *silente* se acoplan perfectamente a un registro literario, pero no así a un nivel coloquial, divulgativo o científico.

LA PALABRA COMO FUENTE DE SENSACIONES

Como dijimos al principio de este epígrafe, la palabra no es sólo la unidad básica de la escritura, sino que encierra en su interior toda una gama de posibilidades y asociaciones que convierten al lenguaje en una realidad dinámica, vital y sugerente. Prácticamente todas las palabras con contenido semántico, esto es, que significan algo, se presentan como unidades abiertas que permiten establecer relaciones con otros términos de nuestro rico idioma.

Jugar con estos vínculos y crear asociaciones entre distintas palabras constituye uno de los recursos más fructíferos para introducirse en los misterios de la escritura creativa. Pongamos un ejemplo que ayude a ilustrar esta afirmación, basado en el vocablo «libertad»:

- ♦ **Rima inicial:** libro, libélula, libelo, libra...
- ♦ **Rima final:** pubertad, piedad, claridad, amistad, calidad...
- ♦ **Otras combinaciones:** co-bert-ura, pu-ert-a, h-iber-nar...
- ♦ **Relaciones de significado:** liberal, libertino, esclavitud, derechos, solidaridad, paz...

Para proseguir con el juego de asociaciones, intente combinar la palabra citada con cualquier otra con la que, aparentemente, no tenga nada que ver; por ejemplo, «espejo». A partir de esos vocablos, intente crear combinaciones sugerentes que puedan servir de punto de partida a un pequeño relato:

- ♦ El espejo de la libertad
- ♦ Libertad a través del espejo
- ♦ Espejos en libertad...

PRÁCTICA

♦ Realice algunos ejercicios similares al que acabamos de presentar. De este modo podrá descubrir las enormes posibilidades que ofrecen las palabras, lo cual le dará más seguridad en su manejo.

---

27. LA ORACIÓN

Después de los sonidos y las palabras, llega ahora el turno de la oración, que podría definirse como la unidad constructiva del párrafo o parágrafo. Si en el análisis de las palabras consideramos como condición inexcusable la propiedad, en el caso de las frases hemos de atender fundamentalmente a su corrección. En este apartado estudiaremos el carácter y las propiedades de la oración como entidad autónoma, mientras que en el siguiente analizaremos su función y sus relaciones dentro de la unidad mayor del texto, el parágrafo.

CONCEPTO GRAMATICAL DE ORACIÓN

Se puede definir como la palabra o conjunto de palabras con que se expresa una idea completa o, como informa el Diccionario de la Real Academia, un sentido gramatical completo.

Toda oración debe estar formada por un sujeto (sintagma nominal, SN), que puede aparecer explícito o no, y un predicado (sintagma verbal, SV). El núcleo del primero está formado por el sustantivo principal acerca del cual se habla o se predica algo. Por su parte, el núcleo del predicado está compuesto por un verbo en forma personal en las oraciones de predicado verbal, o por una cópula (verbos *ser*, *estar*, *parecer*) más un sustantivo, un adjetivo o un sintagma preposicional en las oraciones de predicado nominal.

Asimismo, cada uno de estos núcleos puede ir acompañado por diversos modificadores de su sentido. En el caso del sintagma nominal serán básicamente los artículos y adjetivos; en el sintagma verbal, los conocidos de forma tradicional como complemento directo, indirecto y circunstancial.

Como dijimos en la pequeña introducción que precede a cada apartado, en la construcción de oraciones hay que atender especialmente a su correcta estructura gramatical, es decir, la adecuada ordenación y concordancia de sus elementos dentro del conjunto. Estudiaremos más a fondo el concepto de corrección sintáctica en posteriores apartados.

LA CUESTIÓN DE LAS DIMENSIONES

Para abordar este epígrafe hemos de retroceder algunas páginas y recuperar nuevamente el concepto de concisión. Es éste un tema bastante delicado, ya que inciden en él aspectos tan complejos como la singularidad del estilo personal y la exigencia de claridad que debe ofrecer todo texto. Algunos autores se atreven incluso a dar una cifra aproximada del número de palabras que debe tener una oración: unas quince por término medio. Sin embargo, esta medida no hace más que constreñir la libertad del lenguaje, que es sin duda otra de las cualidades fundamentales de la expresión.

A continuación daremos algunas de las claves que se deben contemplar a la hora de definir la extensión oracional:

♦ Uno de los principales factores que se deben tener en cuenta es el de la claridad. Debemos escribir de forma que facilitemos la comprensión del lector. En este sentido, las oraciones demasiado largas y complejas, llenas de incisos, ramificaciones o paréntesis, sólo contribuirán a entorpecer la comprensión de los contenidos y a refrenar el ritmo de lectura. Ello obligará al receptor a volver una y otra vez sobre el escrito.

Por otra parte, la construcción de oraciones de este tipo exige un conocimiento muy profundo y un perfecto dominio del arte de la redacción. Por ello, durante las fases iniciales del proceso de aprendizaje es conveniente no aventurarse por esta vía, que sólo puede conducir a la incorrección gramatical y a una pedantería patética.

♦ En el extremo opuesto, la voluntad de concisión puede desembocar en un estilo excesivamente telegráfico y en un laconismo expresivo que harán un flaco favor al proceso de comprensión. Las construcciones demasiado cortas, carentes de conexión con el resto de oraciones, suponen un freno al ritmo de lectura del texto, lo cual repercute negativamente en la clara comprensión de los contenidos.

CONSEJO ÚTIL

♦ La lógica oracional no depende de las dimensiones: no debemos intentar forjar nuestro propio estilo sobre una cuestión de construcciones largas, subordinadas, concisas o cortas. Cada frase requiere su número justo de elementos, que siempre ha de estar en función de los principios de simplicidad y claridad. En cualquier caso, debemos apelar siempre a la discreción, a la armonía interna del texto y, en especial, a la variedad.

VARIEDAD CONSTRUCTIVA

Para captar la atención del lector, el texto ha de presentar una serie de recursos que confieran agilidad, animación y amenidad al proceso de lectura. Uno de los procedimientos más utiles para conseguirlo es el de potenciar la variedad de las construcciones gramaticales dentro de un mismo escrito. Nuestro idioma ofrece múltiples posibilidades para estructurar los contenidos de una frase, así como una enorme riqueza de modalidades oracionales: afirmaciones, negaciones, interrogativas, exhortativas, exclamaciones, etc.

No obstante, es preciso no perder de vista en ningún momento cuál es la función principal de nuestro texto. En un escrito de finalidad expositiva se tenderá al predominio de las frases enunciativas y no habrá mucho espacio para las oraciones interrogativas o exclamativas. Sin embargo, podemos amenizar el texto con variaciones de construcción: alternar frases largas y cortas, simples y subordinadas, afirmativas y negativas, siguiendo el orden lógico de la frase o transgrediéndolo sin perturbar la comprensión de su significado, etc.

En otro tipo de escritos, sobre todo en aquellos en que predomina la función expresiva o conativa, las posibilidades de variación aumentan considerablemente. Por ejemplo, en una columna periodística que pretenda influir sobre la conciencia de la opinión pública resulta muy útil la inclusión de interpelaciones al lector, interrogaciones retóricas, oraciones exclamativas y exhortativas, etc. Huelga decir que en los escritos de voluntad literaria la libertad expresiva es aún mucho mayor. Sin embargo, la libertad no debe convertirse en un libertinaje que transgreda la lógica oracional hasta convertir el texto en una masa informe, carente de la coherencia interna imprescindible para la compresión.

28. EL PARÁGRAFO

Siguiendo la concatenación lógica, a la manera de las muñecas rusas, de sonido, palabra y oración, llegamos en este punto a lo que podría calificarse como «unidad constructiva del texto»: el *párrafo* (denominación más coloquial) o *parágrafo* (más academicista). Si en el caso de la palabra el factor esencial era la propiedad, y en el de la oración la corrección, la cualidad fundamental que debe contemplar la formulación de los párrafos es la de la coherencia. Pero esta coherencia no debe atender simplemente a la estructura conceptual interna, sino sobre todo a la congruencia de las relaciones entre los distintos parágrafos.

DEFINICIÓN DE PARÁGRAFO

La mayoría de definiciones de este concepto se centran básicamente en su aspecto formal: cada uno de los bloques de texto separados por un punto y aparte. Sin embargo, toda persona que aspire a escribir del modo más correcto posible no puede limitarse a esa concepción meramente formalista. El parágrafo debe ser una unidad textual con un sentido claramente establecido, en el que todas las oraciones que lo conforman se articulan en torno a una idea principal.

En tanto que unidad estructural del texto, la función divisoria de los párrafos persigue potenciar la comprensión del lector mediante una organización jerárquica de los contenidos. Durante su proceso de lectura, el receptor ha de comprender que el autor ha dividido su escrito por una serie de motivos de coherencia interna, que deben ser aprehendidos de forma casi inconsciente por el lector.

Ésa debe ser la finalidad esencial de la estructuración de un texto en parágrafos, y no una presentación formalmente estética pero falta de rigor. Por tal razón, la extensión de los párrafos no está predeterminada. En un mismo texto pueden alternar bloques de mayor y menor extensión: en el primer caso, la visión del escrito puede asustar de entrada al lector por su presumible densidad; en el segundo, es posible que suscite una impresión de incoherencia y pobreza de ideas. No obstante, sea cual sea la extensión de un parágrafo bien estructurado, el lector no tendrá dificultad en apreciar la validez de su construcción interna y su capacidad para facilitar la comprensión y hacer fluir la lectura de forma dinámica, ágil y amena.

CUALIDADES ESENCIALES DEL PARÁGRAFO

El párrafo bien redactado debe caracterizarse por tres criterios fundamentales, de los cuales dependerá en gran medida tanto su calidad formal como su función comunicativa:

♦ **Unidad:** Todas las oraciones que forman parte del párrafo han de configurar un bloque temático, en el que todas sus partes hagan referencia a una idea central.

♦ **Coherencia interna:** Un párrafo debe estar compuesto por una idea principal y varias secundarias que refuercen ese núcleo temático central. El redactor ha de procurar que las relaciones de jerarquía y dependencia entre esas ideas aparezcan en el parágrafo de forma lógica y claramente perceptible.

♦ **Claridad:** Una vez conseguidos los dos primeros objetivos, el criterio de claridad y comprensión del escrito surgirá de forma natural y espontánea. Incluso cuando el lector no esté familiarizado con el tema del que se está tratando, podrá descifrar la relación jerárquica entre ideas y centrar su atención en lo que realmente importa del texto.

PRESENTACIÓN DE LA IDEA PRINCIPAL

La idea central de un párrafo puede presentarse de dos formas básicas, que estarán en función del carácter y el objetivo del escrito:

♦ **Forma explícita:** Todo el parágrafo está articulado en torno a una idea que aparece reflejada claramente dentro del texto, formando lo que podría llamarse una «oración temática». Si se prescinde de ésta, el resto del párrafo pierde toda su coherencia y sentido lógico. Este sistema se utiliza principalmente en textos de carácter expositivo o argumentativo.

♦ **Forma implícita:** La idea principal no se corresponde con una oración temática claramente expuesta en el parágrafo, sino que debe desprenderse del conjunto de ideas secundarias que lo conforman. Ello implica una participación más activa del lector, que debe deducir cuál es la intención del autor. Sin embargo, cuando la construcción del parágrafo es la adecuada el proceso de deducción se hace de manera automática e intuitiva. Es un procedimiento utilizado fundamentalmente en textos literarios.

INTERRELACIÓN ENTRE PARÁGRAFOS

Además de la imprescindible coherencia interna de cada párrafo, la unidad conjunta del texto debe pasar necesariamente por una adecuada interrelación entre los distintos parágrafos que lo conforman (véase el apartado referido a «El proceso general de redacción»). Con ello venimos a decir que, aunque la construcción independiente de cada párrafo sea la adecuada, no servirá de nada si no existe una correcta vinculación entre el conjunto de parágrafos.

Este hecho es especialmente importante en los textos de carácter expositivo y argumentativo. En éstos, cobra gran relevancia la noción de tesis o idea general que debe desarrollarse a lo largo del escrito y que estudiaremos en los capítulos finales de esta obra. En este sentido, cada uno de los párrafos debe presentar una idea principal, reforzada por otras secundarias que contribuyan a apoyar la tesis central del texto. El modo en que se realice la conexión entre ideas de un párrafo a otro determinará la validez final del escrito.

IMPORTANCIA DEL PARÁGRAFO INICIAL

La mayoría de autores, preguntados sobre cuál es el momento de mayor complejidad en la elaboración de cualquier texto o relato, coinciden en afirmar que el parágrafo inicial es sin duda el que plantea mayores dificultades. De hecho, se trata del fragmento de texto que presenta la tesis en los escritos argumentativos, pero también el que debe captar la atención y el interés del lector en cualquier otro tipo de relato, sea o no de ficción.

Existen varios procedimientos para construir el párrafo inicial. Cada uno de éstos se adecuará en mayor o menor medida a la intención o el tono que deseemos dar a nuestro escrito:

- Planteando la tesis de forma explícita y directa, lo cual contribuye a potenciar la objetividad del texto.
- Iniciando el escrito con una cita o un fragmento en el que se incluyan opiniones contrarias a la tesis que vamos a defender a lo largo de nuestro texto.
- El párrafo inicial también puede contener una o varias preguntas que planteen cuál va a ser la cuestión principal que abordaremos en nuestro escrito y a la cual intentaremos dar respuesta.
- También se puede partir de un suceso anecdótico o una situación graciosa relativa al tema que vamos a tratar. Éste es uno de los mejores procedimientos para captar la atención del lector, pero sólo será válido en textos en los que la exposición no sea excesivamente seria o rigurosa, ya que se violaría el principio de coherencia conjunta del escrito.

PRÁCTICA

- Escoja un tema que resulte de su interés y escriba el párrafo inicial, partiendo de las siguientes indicaciones:

  - Un párrafo en el que la idea principal aparezca explícita y otro en la que aparezca implícita.
  - Un párrafo que comience con varias preguntas.
  - Un párrafo que tenga como punto de partida una anécdota.

- En cada uno de esos casos, prosiga el texto en función del parágrafo inicial.

VI. DOMINIO DE LA ORTOGRAFÍA

29. CLAVES PARA UN BUEN CONOCIMIENTO ORTOGRÁFICO

Como hemos dicho repetidamente a lo largo de las páginas precedentes, el objeto de esta obra no es realizar un tratado sesudo y academicista sobre el dominio del arte de la redacción. Pero también es evidente que, para lograrlo, se debe partir de una base en la que el conocimiento de la ortografía y la puntuación resulta fundamental. Es natural que todos dudemos en algún momento sobre cómo se escribe tal palabra, si lleva acento o no, o en qué momento de nuestro texto debemos incluir una coma o un punto. En las siguientes páginas intentaremos dar algunas claves que hagan más sencillo y natural el complicado proceso del dominio ortográfico.

LA NECESIDAD DE LA ORTOGRAFÍA

Cada cierto tiempo asistimos a un recrudecimiento del debate sobre la necesidad de las convenciones ortográficas frente a posturas que exigen una relajación de la rígida normativa. Sin embargo, existen varias razones que justifican la obligatoriedad de amoldarse a una serie de pautas que regulen el uso del lenguaje.

Una de las principales es que la ortografía, a pesar de parecer un código totalmente arbitrario, está amparada por una tradición cultural casi milenaria que se ha ido modificando a lo largo de los siglos y que todavía sigue evolucionando. Si rompiéramos con esa tradición, la unidad del lenguaje como instrumento de comunicación social se vería seriamente afectada.

Existe una tendencia un tanto generalizada que preconiza que el español debería tener una transcripción escrita basada en la fonética, es decir, escribir tal como se habla. Ello afectaría a letras mudas como la *h*, que debería desaparecer, o a otras que tienen el mismo sonido, como *b* y *v* o *g* y *j*, que son las que plantean más dificultades a la hora de dominar la ortografía. Sin embargo, esa simplificación no sólo resultaría traumática para la unidad del idioma, sino que lo empobrecería notablemente.

ALGUNAS CLAVES ORIENTATIVAS

Al igual que no existe ninguna fórmula mágica que permita escribir correctamente, tampoco disponemos de una receta que garantice un adecuado dominio de la ortografía. Como viene siendo habitual, hemos de remitir nuevamente al cultivo de la lectura continuada, a la familiarización visual y conceptual con la construcción de las palabras y, en caso de duda, a la consulta de un buen diccionario.

Algunos tratados al uso, con una excesiva dosis de optimismo, recomiendan no obsesionarse con el tema de la ortografía, ya que las editoriales disponen de filtros de corrección que permiten que la obra salga a la calle perfectamente revisada. No pensamos que ése sea el caso de los potenciales lectores de esta obra, pero sí nos quedamos con una parte de esa afirmación: no conviene obsesionarse con el dominio de la ortografía, pues es un proceso de aprendizaje lento y complejo, que debe forjarse en esencia durante las etapas de formación de la persona.

Aun así, nos vemos capacitados para dar algunas claves que pueden orientar al lector que desee mejorar sus conocimientos ortográficos:

◆ Existen palabras de uso común, muy enraizadas en el idioma, con las que todos nos encontramos familiarizados. Sin embargo, en múltiples ocasiones topamos con términos que, de entrada, nos resultan extraños o poco habituales.

En estos casos, es muy útil acudir a la fuente originaria de la cual procede esa palabra. Así por ejemplo, en el caso de *vitamina* podemos dudar (¡la eterna duda!) de si el término debe escribirse con *b* o con *v*. Pero si retrocedemos hasta su origen conceptual (*vitamina-vida*), la palabra base nos resulta más familiar y permite resolver la cuestión.

Otros ejemplos en que esta estrategia puede dar excelentes resultados son: *enrevesado-revés*, *volátil-volar*, *abalanzarse-balanza*, *invernadero-invierno*, *servilleta-servir*, etc.

◆ Por otra parte, existen algunos grupos consonánticos fijos cuyo conocimiento puede resultarnos de gran utilidad a la hora de decidir qué letra es la correcta. En la siguiente relación encontrará algunos de los grupos fijos más habituales, así como algunos ejemplos ilustrativos:

-mb-: cambio, ambiente, costumbre...

-mp-: campo, ampuloso, tentempié...

-nf-: triunfo, confundir, enfado...

-nv-: envidia, invitado, enviar...

br-, -br-: brete, abrir, calibrar...

bl-, -bl-: blasón, hablar, endeble...

-*bs*-: absorber, ábside, obsoleto...
-*cc*-: elección, protección, destrucción...
-*gn*-: diagnóstico, anagnórisis, dignidad...
-*zg*-: juzgar, mecenazgo, hartazgo...

♦ También resulta de gran utilidad el conocimiento de algunos sufijos cuya transcripción escrita es invariable:

-*ble*: amable, contable, rentable...
-*illo*, -*illa*: chiquillo, plantilla, comillas...
-*ivo*, -*iva*: permisivo, comitiva, corrosivo...
-*logía*: biología, teología, astrología...
-*aje*: lenguaje, garaje, bricolaje...
-*voro*: carnívoro, herbívoro, omnívoro...

♦ Algunos prefijos también presentan una construcción invariable:

abs-: abstenerse, abstracción, absurdo...
bi-, *bis*-: bienal, bisectriz, bisabuelo...
hemi-: hemisferio, hemiciclo, hemistiquio...
hiper-: hipermercado, hipersensible...
nov-: novedad, novillo, novato...
sub-: subterráneo, submarino, suburbio...
vice-, *viz*-: vicerrector, vicepresidente, vizconde...

CONSEJO ÚTIL

♦ En cualquier caso, le aconsejamos el empleo de un buen diccionario en las dudas puntuales. Si desea perfeccionar su ortografía, existen tratados prácticos que le orientarán adecuadamente en el dominio de este complejo terreno.

30. ACENTUACIÓN

La acentuación es, sin duda, la «bestia negra» de la mayoría de personas a la hora de escribir correctamente. No obstante, hemos de afirmar que las terribles dudas que surgen sobre la pertinencia o no de una tilde se pueden solucionar perfectamente. En el caso del vocabulario ortográfico resulta prácticamente imposible dar pautas que garanticen el correcto dominio de la escritura. Por el contrario, el tema de la acentuación está resuelto por la normativa académica de un modo bastante clarificador, que se resume en una serie de reglas sencillas y de fácil aplicación.

POR QUÉ ES NECESARIO EL ACENTO

Algunos idiomas como el inglés, teóricamente sencillos por la carencia de conjugaciones verbales y de acentos, presentan una complejidad comunicativa que debe resolverse a través de la pronunciación. En cambio, nuestro idioma ha conservado el acento con una clara finalidad: la presencia del acento gráfico (tilde) permite leer correctamente una palabra que, percibida de otro modo, podría modificar el sentido de la oración o incluso del párrafo en que se encuentra.

A este respecto cabe realizar algunas apreciaciones que no siempre están del todo claras:

♦ Todas las palabras llevan acento, es decir, una mayor intensidad en una de sus sílabas que la diferencia del resto, determinando su pronunciación. No obstante, sólo en algunos casos ese acento trasciende al plano gráfico o de escritura.

♦ Todas las palabras que precisen acento deben llevarlo, lo que incluye también a las mayúsculas. Las razones antiestéticas aducidas en algunos casos no tienen ningún fundamento.

PRINCIPALES REGLAS DE ACENTUACIÓN

Las reglas básicas de acentuación se fundamentan sobre la distinción que se establece entre las palabras según el lugar que ocupa el acento fonético. Así, se diferencian cuatro tipos fundamentales de palabras:

♦ **Agudas:** el acento fonético recae sobre la última sílaba: *ta-**piz**, co-**mer**, pensa-**rás**, eli-**xir**...*

♦ **Llanas:** el acento fonético recae sobre la penúltima sílaba: ***par**-to, **co**-ma, pas-**ti**-lla, ca-**dá**-ver...*

♦ **Esdrújulas:** el acento fonético recae sobre la antepenúltima sílaba: *e-**lás**-tico, **pér**-dida, **cós**-mico, **té**-trico...*

♦ **Sobresdrújulas:** el acento fonético recae sobre una sílaba anterior: ***dá**-baselo, **prác**-ticamente, **có**-metelo...*

Otro de los factores que influyen a la hora de acentuar gráficamente una palabra son los conceptos de diptongo y hiato:

♦ **Diptongo:** se produce diptongo cuando las vocales débiles (*i, u*) se juntan entre sí o con alguna de las vocales fuertes (*a*, *e*, *o*), formando una única sílaba. Así pues, los diptongos de nuestro idioma son los siguientes:

Diptongo	Ejemplos
ai	caiga, amainar
au	autista, causa
ei	peinar, reina
eu	Europa, pleura
oi	voy, boina
ou	bou
ia	rubia, labia
ie	miedo, cien
io	medio, biología
iu	viuda, ciudad
ua	guapo, agua
ue	bueno, huevo
ui	ruido, construido
uo	situó, adecuó

♦ **Hiato:** se produce hiato cuando una vocal débil se encuentra delante o detrás de otra vocal sin formar diptongo con ella, es decir, cuando pertenecen a dos sílabas distintas; también cuando se juntan dos vocales fuertes sin formar una única sílaba. Por ejemplo: *ha-bí-a, al-de-a, ro-de-o, pa-ís*...

REGLAS BÁSICAS

Se escriben con acento:

1. Las palabras agudas de más de una sílaba terminadas en vocal, *n* o *s*. Así pues, se acentúan *cantó*, *maná*, *per-*

dón, están, parchís, detrás..., pero no *tapiz, comer, reloj, libertad...*

2. Las palabras llanas terminadas en consonante que no sean *n* ni *s*. Por tanto, se acentúan *lápiz, césped, árbol, néctar, cómic, alférez...*, pero no *carpa, mandabas, contaban, examen...*

3. Todas las palabras esdrújulas y sobresdrújulas sin excepción: *cándido, pérfido, lógicamente, cuéntamelo...*

Diptongos

1. Se acentúa la vocal abierta tónica en función de las normas generales de acentuación: *estáis, coméis, diésemos, admitió, traspiés...*

2. El diptongo *ui* cuando se encuentra en palabras agudas y esdrújulas: *benjuí, casuístico...* No se acentúan, pues, *construido, fuimos, jesuita, cuitas...*

Hiatos

1. Se acentúa según las normas generales cuando está formado por dos vocales abiertas: *nucleótido, gaélico, Leónidas...*

2. Cuando el hiato está formado por una vocal abierta más una cerrada, o viceversa, se acentúa la vocal cerrada para enfatizarlo, es decir, para dejar constancia de que son dos sílabas distintas: *había, baldío, países, valentía, continúa...*

3. Se acentúan las palabras con hiato que pueden ser confundidas con un monosílabo: *caí, rió, lía...*

Otras normas

1. Las palabras unidas por guiones conservan los acentos que les corresponden como palabras simples: *histórico-artístico, lírico-realista...* En cambio, cuando forman una

única palabra compuesta, sólo se acentúa el último término: *antiséptico, cortacésped...*

2. Los adverbios acabados en *-mente* conservan el acento de la forma adjetiva que les sirve de base: *cortésmente, básicamente, lúgubremente...*

3. Los verbos que presentan uno o dos pronombres enclíticos conservan el acento de su forma original: *acabóse, contómelo, acusóle...*

ACENTO DIACRÍTICO

Con este nombre se designa el acento ortográfico utilizado para diferenciar dos palabras que se escriben igual pero que tienen distinto significado o función gramatical. Las principales parejas de vocablos que se diferencian a través del acento diacrítico son:

AÚN: Cuando puede ser sustituido por *todavía*: *Aún no ha llegado.*

AUN: En los demás casos: *Aun así es inadmisible.*

CÓMO: Cuando es adverbio interrogativo, sustantivo o en exclamaciones: *¿Cómo lo has hecho? Quiero saber el cómo. ¡Cómo se mueve!*

COMO: En los restantes casos: *Es como un toro. Como gustes.*

CUÁL: Cuando es pronombre interrogativo: *¿Cuál de ellos? No sabe cuáles escoger. Son una pareja a cuál más simpático.*

CUAL: En los demás casos: *El nombre por el cual es hoy conocido. Cual grácil gacela.*

CUÁNDO: Cuando es adverbio interrogativo o un sustantivo: *¿Cuándo lo supiste? Se preguntan el cuándo y el porqué.*

CUANDO: En los restantes casos: *Lo hizo cuando no estábamos. Cuando él lo dice...*

CUÁNTO: Cuando es pronombre interrogativo o en exclamaciones: *¿Cuánto le has dejado? ¡Cuánto está tardando!*

CUANTO: En los demás casos: *En cuanto lo supe, corrí a contárselo. Todo cuanto pedía le era concedido.*

DÉ: Cuando es una forma del verbo *dar*: *No le dé esos golpes.*

DE: Cuando es preposición: *La mirada de odio. Aquel de allí.*

DÓNDE: Cuando es adverbio interrogativo: *¿Dónde está escondido? No sé dónde está escondido.*

DONDE: En los restantes casos: *Se fue por donde vino. No se movieron de donde estaban.*

ÉL: Cuando es pronombre personal de tercera persona: *Él me lo dijo. ¡Oh, es él!*

EL: Cuando es artículo determinado: *El chico de la armónica. El afortunado jugador. Ése es el que le pegó.*

ÉSTE, ÉSE, AQUÉL (con sus respectivos femeninos y plurales): Cuando son pronombres personales: *Aquéllos lo hicieron. Ésa es una causa perdida. Me lo ha dicho ésta.*

ESTE, ESE, AQUEL (con sus respectivos femeninos y plurales): Cuando son adjetivos demostrativos, pueden sustituirse por un artículo determinado o van detrás del sustantivo: *Esos chicos de allí. Este que ves aquí (el que ves aquí). El muchacho aquel.*

MÁS: Cuando es adverbio de cantidad o pronombre indefinido cuantitativo: *Se cree más listo que nadie. No me queda más dinero. Por más que le digas, no te hará caso.*

MAS: Cuando puede ser sustituido por *pero*: *No se sentía capacitado, mas lo hizo.*

MÍ: Cuando es pronombre personal: *No sabe nada de mí. Por lo que a mí respecta.*

MI: Cuando es adjetivo posesivo: *En mi casa. Eso corre de mi cuenta.*

PORQUÉ: Cuando es sustantivo: *El porqué de las cosas.*

PORQUE: Cuando es conjunción causal: *Lo hago porque quiero.*

POR QUÉ: Cuando es interrogativo: *¿Por qué lo hizo? Nadie sabe por qué lo hizo.*

POR QUE: Cuando se puede sustituir por *por el cual, por la cual,* etc.: *Las razones por que (por las cuales) lo hizo.*

QUÉ: Cuando es pronombre interrogativo o exclamativo: *¿Qué me dices? No sé qué hacer. ¡Qué vida la suya!*

QUE: Cuando es pronombre relativo: *La persona que vino ayer me lo dijo. Algo que ya sabíamos.*

QUIÉN: Cuando es pronombre interrogativo: *¿Quién te lo ha dicho? No sé quién te lo ha podido decir.*

QUIEN: Cuando es pronombre relativo: *Quien (el que) lo haya hecho que lo diga.*

SÉ: Cuando es una forma del verbo *saber*: *Yo sé lo que dijo.*

SE: Cuando es pronombre: *Se alquila apartamento. Él se lo robó.*

SÍ: Cuando es afirmación o pronombre personal: *Sí lo sabe. Aún no ha vuelto en sí.*

SI: Cuando es conjunción condicional: *Me preguntó si podía hacerlo. Si quieres, puedes hacerlo.*

SÓLO: Cuando es adverbio y puede ser sustituido por *únicamente*: *Lo hice sólo porque él me lo pidió. Sólo me queda una.*

SOLO: Cuando es adjetivo: *Ha venido solo. Me siento tan solo.*

TÉ: Cuando es sustantivo: *La hora del té.*

TE: Cuando es pronombre personal: *Ya te lo he dicho.*

TÚ: Cuando es pronombre personal: *Tú lo sabías.*

TU: Cuando es adjetivo posesivo: *Tu padre me lo dijo.*

ÚLTIMOS CONSEJOS

♦ Los monosílabos nunca se acentúan, a excepción de los diacríticos y algunos casos especiales que hemos visto: *pan, luz, paz, fe, fue, fui, vio, dio...*

♦ Uno de los errores más frecuentes consiste en acentuar los pronombres neutros *esto*, *eso* y *aquello*. Recuerde que nunca deben acentuarse.

♦ Lo mismo sucede con el pronombre personal *ti*, que se suele acentuar erróneamente por analogía con los diacríticos *mí* y *sí*.

31. SIGNOS DE PUNTUACIÓN

Otro de los aspectos que más deben preocupar a quien desee escribir correctamente es la utilización de los signos de puntuación. Éstos no se emplean sólo para marcar las pausas dentro del escrito, sino que en muchos casos contribuyen a aclarar el sentido del texto, a evitar ambigüedades o a introducir algunos matices. Recuerde que una sola coma mal colocada puede hacer variar el significado de una oración y, por extensión, del escrito en que aparece.

PRINCIPALES SIGNOS DE PUNTUACIÓN

Los signos de puntuación que estudiaremos en este apartado son:

punto:	.
coma:	,
punto y coma:	;
dos puntos:	:
puntos suspensivos:	...
interrogación:	¿ ?
exclamación:	¡ !
paréntesis:	( )

comillas:	« »
guión:	-
raya:	–

PUNTO

♦ El punto y seguido se utiliza para separar las oraciones de un mismo párrafo.

♦ El punto y aparte se utiliza para separar entre sí distintos parágrafos.

♦ El punto y final es el que termina un escrito o una división importante del mismo (capítulo, apartado, etc.).

♦ También se utiliza el punto detrás de las abreviaturas (*a. de C.*, *pág.*, etc.), excepto en aquellas que forman parte del Sistema Internacional de Medidas (*cm*, *l*, *g*, etc.).

COMA

Antes de proceder a la enumeración de las situaciones que requieren el uso de la coma, debemos advertir que su utilización está bastante sujeta a criterios personales y que en la actualidad la tendencia generalizada consiste en suprimir el mayor número de comas. Sin embargo, en las siguientes situaciones sigue siendo imprescindible:

♦ Para separar dentro de una oración elementos análogos de una misma serie: *Su mirada era nítida, límpida, serena.* Cuando el último término de la relación va precedido de una conjunción se suprime la coma: *Su mirada era nítida, límpida y serena.*

♦ Para separar las oraciones yuxtapuestas, es decir, que no tienen nexo de unión: *La habitación era acogedora, brillaba por su limpieza.*

- Para separar cláusulas de carácter explicativo intercaladas dentro de una oración: *El portero, excesivamente nervioso, no pudo evitar el gol. Los alumnos, que no paraban de hablar, fueron castigados.* Obsérvese que, en este último ejemplo, la supresión de comas modificaría por completo el sentido de la oración.

- Para separar el vocativo, es decir, el elemento utilizado para llamar o invocar a alguien: *Camarero, traiga la cuenta. No sabes, muchacho, cuánto lo siento.*

- Para separar oraciones subordinadas que preceden a la principal: *Si te ves capacitado, puedes hacerlo. Cuando vinieron a buscarlo, ya se había marchado.*

- Para separar sintagmas de oraciones en las que el verbo no aparece explícito: *Uno de ellos era alto y fuerte; el otro, bajo y enclenque.*

- Para separar expresiones como: *sin embargo, es decir, esto es, por último, no obstante, en resumidas cuentas,* etc.

PUNTO Y COMA

- Para establecer la división en series complejas en las que ya ya hat varias comas: *Su forma de escribir se caracteriza por un estilo fluido, ágil y ameno; por un vocabulario rico, florido y variado; y por una temática siempre ocurrente.*

- Para separar oraciones largas en las que aparece una conjunción adversativa como *mas, pero, sin embargo, aun así,* etc.: *Sabía que no podría hacerlo en el estado en que se encontraba; pero al menos lo intentó.* Si la cláusula es corta bastará con una coma: *Sabía que no podría, pero lo intentó.*

- Para separar una oración con relación de causa-efecto: *El viento soplaba con una violencia inusitada; incluso derribó algunos árboles.*

DOS PUNTOS

♦ Antes de proceder a una enumeración: *El cuerpo se divide en tres partes principales: cabeza, tronco y extremidades.*

♦ Antes de una cita textual: *Ya lo dice la Biblia: «amaos los unos a los otros».*

♦ Como relacionante entre una oración general y otra que concluye o justifica la anterior: *No debemos creer todo lo que escuchemos: el mundo está lleno de mentirosos compulsivos.*

♦ Después del saludo de una carta: *Querida amiga:*

PUNTOS SUSPENSIVOS

♦ Para dejar inconclusa una frase que, se supone, el receptor debe conocer: *A buen entendedor...*

♦ En enumeraciones inacabadas, donde pueden ser sustituidos por expresiones como *etcétera* o *entre otros*: *En la fiesta había gente variopinta: abogados, artistas, banqueros, deportistas, estrellas de cine...*

♦ Para crear un cierto suspense que se resuelve con una salida inesperada: *Todos pensaban que la besaría... pero se dio media vuelta y la dejó plantada.*

♦ Para expresar duda o incertidumbre: *Creo que ya se ha ido, pero no estoy seguro...*

♦ En citas textuales en las que se suprime una parte que no interesa de las mismas. Suelen aparecer entre paréntesis: (...).

SIGNOS DE INTERROGACIÓN

♦ Se utilizan siempre al principio y al final de una oración interrogativa directa: *¿Por qué lo hiciste?*

SIGNOS DE EXCLAMACIÓN

♦ Se utilizan siempre al principio y al final de una interjección: *¡Bah!, no digas más tonterías.*

♦ Al principio y al final de una oración exclamativa: *¡Qué
día tan maravilloso!*

♦ Al principio y al final de una oración imperativa: *¡Te he
dicho que vengas!*

PARÉNTESIS

♦ Para introducir fechas relacionadas con el texto: *España
ha ganado dos Oscar a la mejor película extranjera, con*
Volver a empezar *(1982)* y Belle époque *(1994).*

♦ Para introducir referencias o remisiones dentro de un libro:
(véase el capítulo 2); (citado anteriormente en la pág. 218).

♦ Para intercalar alguna frase explicativa dentro del texto
(en estos casos pueden utilizarse también las rayas). Sirva
como ejemplo la misma frase.

♦ Para explicar el significado de una palabra extranjera: *El*
overbooking *(exceso de contratación o demanda) es uno
de los mayores problemas del turismo.*

COMILLAS

♦ Para enmarcar citas textuales extraídas de otro texto o de
cualquier otra fuente de información.

♦ Para subrayar o enfatizar el uso de una determinada palabra o expresión: *Es lo que podríamos calificar como «polí-
ticamente incorrecto».*

♦ Recuerde que siempre se han de utilizar las comillas bajas
o latinas (« ») en lugar de las altas o inglesas (" "). Éstas

se emplean en un contexto en el que ya han aparecido las comillas bajas, como se muestra en el siguiente esquema: (« " " »).

GUIÓN

♦ Para separar las palabras partidas al final de línea.
♦ Para separar los vocablos de determinadas palabras compuestas: *histórico-artístico*, *franco-español*...

RAYA

♦ Para introducir incisos de carácter explicativo o aclaratorio: *Tras la muerte de su marido –fallecido en extrañas circunstancias–, volvió a contraer matrimonio.*
♦ Para indicar el cambio de interlocutor en la transcripción de diálogos.

RECUERDE

♦ Nunca debe colocar una coma o cualquier signo que indique separación entre el sujeto y el predicado. Sólo en oraciones con un sujeto excesivamente largo puede colocarse la coma para indicar la pausa normal de lectura.

VII. DOMINIO DE LA SINTAXIS

32. CLAVES PARA UN BUEN CONOCIMIENTO GRAMATICAL

Durante nuestra etapa de formación escolar, el aprendizaje de la gramática solía basarse en complejas divisiones estructurales y en la elaboración de complicadas arborizaciones lingüísticas. Sin embargo, con esta obra no pretendemos que se convierta en un experto de la lengua, sino que conozca los resortes y técnicas que le permitan redactar con soltura y fluidez. Por ello, partiremos de que el lector dispone ya de una adecuada base gramatical y haremos hincapié en aquellos aspectos más útiles para el desarrollo del arte de la redacción.

BASES DEL CONOCIMIENTO GRAMATICAL

Para escribir con el necesario grado de correción gramatical, es necesario conocer algunos fundamentos básicos de la lengua. Los principales son:

♦ Saber distinguir las funciones gramaticales de cada palabra, es decir, si ésta se emplea como adjetivo, adverbio, preposición, determinante, etc.
♦ Conocer la ordenación lógica de los elementos gramaticales que forman una oración. Sólo a partir del conocimiento del orden natural se podrán hacer alteraciones del mismo (hipérbaton).

Para asegurarnos de que el lector está realmente familiarizado con estas cuestiones, dedicaremos las primeras páginas de este bloque sobre sintaxis al estudio de estas materias. A continuación nos centraremos sobre aspectos más específicos, en los que una persona puede demostrar realmente su dominio del idioma.

CLAVES ESPECÍFICAS DEL DOMINIO GRAMATICAL

Además de las bases fundamentales, existen otros factores que ponen de manifiesto un conocimiento avanzado de la sintaxis castellana. Éstos son los que abordaremos en apartados posteriores, pero que presentamos ya para que el lector empiece a familiarizarse:

♦ Diferenciar claramente entre el sujeto y el predicado o sintagma nominal de una oración.
♦ Distinguir entre oraciones simples y compuestas, entre proposiciones principales y subordinadas, y conocer el grado de interrelación entre las mismas.
♦ Respetar en todo momento las concordancias entre los distintos elementos que conforman la oración.
♦ Utilización precisa y correcta de los tiempos verbales.
♦ Conocer cuáles son los errores sintácticos más frecuentes a fin de evitarlos.

RECUERDE

♦ El dominio de la gramática está basado fundamentalmente en el conocimiento y adecuación a las reglas sintácticas. Por tanto, si aún no ha alcanzado un grado de madurez suficiente en este terreno no se obstine en construir oraciones de gran complejidad.

33. CLASIFICACIÓN BÁSICA DE LOS ELEMENTOS GRAMATICALES

Todas las palabras de nuestro lenguaje forman parte de una categoría que se basa en el cumplimiento de una determinada función. Así, cada una de las palabras que integran una oración desarrolla una labor que adquiere su pleno sentido por su relación con las restantes. En este apartado estudiaremos las principales categorías de palabras, establecidas en virtud de su funcionalidad sintáctica dentro de la oración.

PRINCIPALES CATEGORÍAS DE PALABRAS

Según su función en el entramado oracional, las palabras pueden dividirse en las siguientes categorías:

♦ **Categorías variables:**
- sustantivo
- verbo
- adjetivo
- determinante
- pronombre

♦ **Categorías invariables:**
- preposición
- conjunción
- adverbio
- interjección

Sustantivo

♦ Son las palabras utilizadas para designar elementos concretos (personas, animales y cosas), así como conceptos abstractos (ideas, sensaciones, sentimientos, etc.).
♦ Suelen desempeñar fundamentalmente la función del sujeto y de sus complementos.

Verbo

♦ Se utilizan para designar tanto las acciones que realiza el sujeto (oraciones predicativas: *Luis canta*) como sus estados o procesos (oraciones copulativas: *Luis está enfermo*).
♦ Constituye el núcleo del sintagma verbal y, junto al sujeto, conforma el cuerpo esencial de la oración.
♦ Por lo general aparece explícito en la frase (es decir, suele aparecer prácticamente siempre), salvo en algunos casos, como el de algunas oraciones exclamativas.

Adjetivo

♦ La función del adjetivo calificativo es la de expresar cualidades del sustantivo al que acompaña o se refiere. Se distinguen entre especificativos (seleccionan al nombre dentro de un grupo: *el pantalón azul*) y explicativos (se limitan a señalar una cualidad: *la blanca nieve*).

129

♦ Puede funcionar como atributo (*La noche era oscura*), como adjunto al nombre (*Un estruendo ensordecedor*) o como complemento predicativo, refiriéndose a la vez al sujeto y al verbo (*Su mirada se tornó triste*).

DETERMINANTES

♦ Se utilizan para definir al sustantivo en varios aspectos: su número, su género, su cantidad, su situación, etc.
♦ Se puede distinguir entre artículos (determinados e indeterminados), demostrativos, posesivos, numerales e indefinidos.

PRONOMBRES

♦ Elementos utilizados para sustituir al nombre o al sintagma nominal dentro de la oración, al objeto de evitar repeticiones innecesarias.
♦ Se puede distinguir entre pronombres personales (reflexivos y recíprocos), demostrativos, posesivos, indefinidos, relativos, interrogativos y exclamativos.

PREPOSICIÓN

♦ Se trata de términos invariables que sirven para establecer muy diversas relaciones entre dos palabras: modo, tiempo, carencia, movimiento, dirección, etc.
♦ Se utilizan como nexos de unión entre palabras, sintagmas o proposiciones dentro de una misma oración.
♦ Las locuciones preposicionales son expresiones formadas por diversos elementos que funcionan conjuntamente como preposición: *debajo de*, *detrás de*, *antes de*, *junto a*, etc.

CONJUNCIÓN

- ♦ Palabras invariables que se utilizan para unir distintas oraciones o dos elementos dentro de la misma.
- ♦ Se clasifican en dos grupos: conjunciones de coordinación (copulativas, disyuntivas y adversativas) y de subordinación (adverbiales de lugar, tiempo, modo y cantidad, condicionales, causales, concesivas, consecutivas, comparativas y finales).

ADVERBIO

- ♦ Elemento invariable de la oración que se utiliza para modificar al verbo, al adjetivo u otros adverbios.
- ♦ Se puede distinguir entre adverbios de lugar, tiempo, modo, afirmación, negación, duda, comparativos, relativos, interrogativos y exclamativos.

INTERJECCIÓN

- ♦ Palabra que se utiliza para expresar una impresión, estado de ánimo, mandato, advertencia, etc.
- ♦ Se suele escribir entre signos de exclamación y presenta una mayor función semántica que gramatical.

34. ORDENACIÓN LÓGICA DE LOS ELEMENTOS GRAMATICALES

Como reiteramos en varias ocasiones en el bloque teórico sobre redacción, la naturalidad y la sencillez son cualidades fundamentales de un buen estilo. La sucesión de palabras dentro de una oración debe responder a unos criterios sintácticos, pero también al seguimiento de un orden establecido por las convenciones culturales y el buen gusto. En este apartado analizaremos cuál es la secuencia de ordenación lógica de palabras que rige nuestro idioma. Sólo a partir de un adecuado conocimiento de ésta, podremos aventurarnos en otros ámbitos más complejos y creativos, como el del orden psicológico de la oración.

ORDEN LÓGICO DE LA ORACIÓN

Por regla general, cada lengua presenta una ordenación natural de los elementos de la frase que la identifica, en cierto modo, como idioma. El mejor ejemplo lo podemos encontrar en la traducción: transcribir de una lengua a otra no consiste simplemente en traducir palabra por palabra, sino que es sobre todo un ejercicio de adaptación a la estructura natural del idioma receptor. Así, como detalle ilustrativo, diremos que el alemán suele colocar los verbos al final de la oración por su dependencia directa de la ordenación latina; el inglés lo hace, en algunos casos, con las preposiciones.

El español, por su parte, presenta una ordenación lógica que está considerada como el modelo gramatical al que toda persona debe aspirar. Gracias a este esquema estructural se persigue garantizar la comprensión y, al mismo tiempo, hacer más neutro el estilo personal, lo cual resulta muy conveniente en textos de carácter expositivo o divulgativo.

El esquema podría resumirse en el siguiente cuadro:

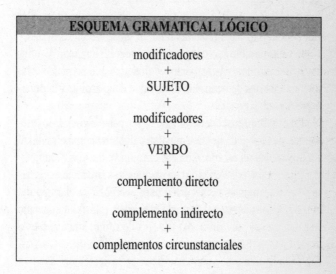

ESQUEMA GRAMATICAL LÓGICO

modificadores
+
SUJETO
+
modificadores
+
VERBO
+
complemento directo
+
complemento indirecto
+
complementos circunstanciales

Siguiendo esta ordenación, no sólo se logrará una escritura fluida y natural, sino que se reducirán en un alto porcentaje los riesgos de incurrir en errores sintácticos. Así pues, debemos considerar este esquema secuencial como la guía más segura y fiable para el dominio de la gramática.

No obstante, también comentamos en apartados anteriores que nuestro objetivo es dar al lector las herramientas necesarias para que forje su propio estilo personal. Y a ello han de contribuir también la variedad y la originalidad. Por tal razón, no debemos limitar nuestros conocimientos al esquema de ordenación básica de los elementos de una lengua, sino que debemos aprender los resortes y técnicas que nos permitan modificar ese orden en beneficio de la calidad del texto.

ORDEN PSICOLÓGICO DE LA ORACIÓN

Seguir de forma estricta y rígida la ordenación natural de la lengua conduciría, inexorablemente, a un grado de uniformidad y monotonía que sólo serviría para empobrecer el lenguaje. El idioma es una entidad viva, orgánica y dinámica que no puede estar sujeta a factores de neutralidad, sino que debe aspirar a la riqueza y libertad expresivas.

En este sentido, el denominado orden psicológico de los elementos de una oración contribuye decididamente a dar agilidad y animación a un escrito. Con ese término se designa la modificación de la sintaxis lógica de una oración, y su finalidad es remarcar algún elemento de la misma para potenciar la claridad del mensaje y el interés del lector. Este orden está fundamentado sobre intereses muy diversos: factores de ritmo, emocionales o intencionales. En cualquier caso, siempre deben primar la fluidez de la lectura y la comprensión por parte del lector.

SISTEMA DE ANTICIPACIÓN

El principal sistema utilizado para alterar el orden lógico consiste en colocar al principio de una oración el término o sintagma sobre el que se desea que recaiga la atención. Así pues, donde el lector espera encontrar el sujeto aparece, por ejemplo, un sujeto paciente o un circunstancial: en el primer caso se concede importancia al objeto que se anticipa (*Dos muchachos fueron asesinados la pasada madrugada*); en el segundo, puede tratarse del deseo de ambientar la situación en que se produce la acción (*Ya de madrugada, los ladrones entraron en la casa*).

Sin embargo, estas alteraciones sólo son útiles si el elemento que se anticipa presenta un interés real dentro de la dinámica del texto (*En la casa los ladrones entraron ya de madrugada*). Precisemos que, si se abusa de la libertad sintáctica, las modificaciones del orden lógico pueden llegar a oscurecer el sentido del texto.

FACTORES CLAVE A LA HORA DE ALTERAR EL ORDEN LÓGICO

♦ Los complementos deben colocarse en su lugar exacto y preciso. Para ello, los elementos complementadores estarán lo más cerca posible de los complementados. La excesiva separación de éstos sólo puede derivar en ambigüedades e incorrecciones: *El alcalde prohibió el homenaje organizado por la asamblea al general retirado.*

♦ También los pronombres relativos que introducen oraciones subordinadas deben aparecer inmediatamente después de su antecedente.

35. CONCORDANCIAS

Éste es uno de los aspectos que permiten demostrar un mayor dominio de los recursos del lenguaje. Todo aquel que aspire a escribir correctamente debe manejar con absoluta soltura la interrelación entre los distintos elementos que conforman las oraciones. Sin embargo, la complejidad de estos vínculos puede desembocar en errores de tipo gramatical que, por desgracia, suelen ser bastante frecuentes. En este apartado haremos un repaso de los puntos más conflictivos a este respecto, así como de algunos métodos eficaces para evitar incurrir en dichos errores.

QUÉ ES LA CONCORDANCIA

La estructura morfosintáctica del idioma español es un tanto compleja. Esto quiere decir que las distintas categorías variables de palabras (sustantivos, adjetivos, determinantes, pronombres y verbos) presentan unos rasgos diferenciales para designar una serie de aspectos del término. En el caso de las cuatro primeras categorías, existen una serie de derivaciones morfológicas que determinan principalmente su género y su número. Por lo que respecta al verbo, la conjugación de su forma simple permite definir múltiples variantes relacionadas con el tiempo verbal (pasado, presente o futuro), el modo, el aspecto o la voz (activa o pasiva).

Así pues, al construir una oración es preciso que todos esos elementos, en sus distintas variantes, se relacionen de un modo óptimo. Esto es lo que se denomina concordancia: la coincidencia o conformidad de los elementos de una misma oración o párrafo en sus diferentes variaciones gramaticales.

PRINCIPALES SITUACIONES EN LAS QUE SE DEBE EXTREMAR LA CORRECCIÓN DE LAS CONCORDANCIAS

- ♦ Como norma inexcusable, el sujeto y el verbo deben coincidir tanto en número como en persona. Aunque pueda parecer un tanto obvia, esta regla de concordancia puede conducir a errores en oraciones de gran complejidad.

- ♦ Cuando un adjetivo califica a dos o más sustantivos, la concordancia entre los elementos debe realizarse en plural. Si los nombres son de distinto género, el adjetivo adoptará la desinencia masculina: *la motocicleta y la furgoneta rojas, el automóvil y el autocar rojos, el automóvil y la furgoneta rojos.*

- ♦ Cuando estos adjetivos se refieren a sustantivos de tratamiento honorífico, como *Alteza* o *Santidad* la concordancia debe realizarse en función del género de la persona en cuestión: *Su Alteza* (el príncipe) *fue recibido por...*, pero *Su Alteza* (la infanta) *fue recibida por...*

- ♦ Existe una regla según la cual, delante de palabras femeninas que empiecen por *a-* o *ha-* tónicas, los artículos *la* y *una* se sustituyen por sus respectivos masculinos, *el* y *un*. Sin embargo, por analogía lingüística, se tiende a ampliar esta norma a otros determinantes, sobre todo los demostrativos. Así pues, no debe escribirse *este ave* o *ese águila* sino *esta ave* y *esa águila*.

♦ Cuando el sujeto de la oración es un sustantivo colectivo, se plantean una serie de dudas. La mayoría recomienda la concordancia estrictamente gramatical, como demuestra esta misma frase. Sin embargo, los principales problemas se presentan cuando el nombre colectivo lleva un complemento plural unido por la preposición *de*: *La mayoría de los encuestados*. En estos casos, es conveniente recurrir al contenido semántico de la oración y al criterio de la lógica. Resulta mucho más adecuado escribir *La mayoría de los encuestados cree necesaria la reforma*, pero, en cambio, es más correcto afirmar que *La mayoría de los encuestados son mayores de sesenta años*.

♦ Este mismo problema puede plantearse con números y porcentajes. Así pues, debe escribirse *Un millón de personas asistieron a la manifestación*, a pesar de que *millón* sea singular. Con porcentajes, sin embargo, ha de emplearse la concordancia en singular: *El 25 % de los encuestados opina...*

♦ La concordancia con algunos nombres en singular pero de estructura plural debe amoldarse a la forma singular: *Estados Unidos firmó el convenio*.

♦ Existe una tendencia generalizada a escribir el pronombre *le* en singular cuando se antepone al complemento indirecto plural: *Le confirmó a los asistentes que...* debe ser *Les confirmó a los asistentes que...*

♦ El infinitivo, una de las formas no personales del verbo, se utiliza habitualmente como sustantivo en función de sujeto. Cuando dicho sujeto está compuesto por varios infinitivos, se plantean dos opciones: si éstos van precedidos por un artículo, la concordancia con el verbo se realiza en plural (*El fumar y el beber son peligrosos para la salud*); en cambio, si no aparece el artículo, sujeto y verbo concuerdan en singular (*Fumar y beber es peligroso para la salud*).

♦ La concordancia con un sujeto múltiple, compuesto por dos o más sustantivos, también plantea algunas dudas. Cuando dichos nombres conforman una unidad de sentido (*la compra y venta*), la concordancia puede realizarse en singular: *La compra y venta de alcohol fue prohibida durante la Ley Seca*.

36. PROBLEMAS CON LAS FORMAS VERBALES

Uno de los aspectos que más cuesta dominar de cualquier lengua es la correcta utilización de las formas verbales. Este hecho se da especialmente en un idioma como el español, cuyo sistema de conjugación presenta una gran complejidad. Son escasos los problemas que plantea el uso del indicativo. Sin embargo, el grado de dificultad aumenta cuando se trata de emplear algunas variantes como la pasiva, el condicional, el imperativo y, sobre todo, el gerundio. Dejando a un lado las típicas excepciones del *anduve* o el *condujo*, en este apartado analizaremos cuáles son los principales errores que se comenten al utilizar las formas verbales.

PASIVA

Existe una tendencia generalizada a rechazar el uso de la pasiva como reacción a la contaminación de estructuras inglesas. Sin embargo, la voz pasiva forma también parte intrínseca de nuestra lengua, por lo que no puede ser excluida, sin más, por tales motivos.

La contaminación del inglés se hace evidente en algunos casos de traducción directa, en los que el sujeto se coloca al principio de la oración. Se crean de este modo estructuras sintácticas que poco tienen que ver con nuestro idioma:

Un aval ha sido concedido por la Unión Europea a los agricultores españoles.

Resultaría mucho más propio escribir una frase del siguiente tipo:

Ha sido concedido un aval por la Unión Europea a los agricultores españoles.

En este caso la construcción mejora sustancialmente, ya que su estructura, en relación a los modificadores del sujeto paciente, se adecua en mayor grado al orden lógico propio de nuestra lengua.

Con todo, una oración como ésta estaría mejor construida si se utiliza directamente la voz activa:

La Unión Europea ha concedido un aval a los agricultores españoles.

En cualquier caso, el uso de la pasiva resulta aconsejable e incluso imprescindible en algunos casos:

♦ Cuando se ignora, es irrelevante o no se desea hacer explícito el nombre del agente de la acción: *La decisión ha sido aplazada sine die.*
♦ Cuando el sujeto de la oración actúa como sujeto paciente de la que va a continuación: *El atentado se cobró dos*

nuevas víctimas, que fueron enterradas al día siguiente en sus respectivos pueblos natales.

♦ También resulta aconsejable la construcción pasiva en textos de carácter expositivo y argumentativo, pero recuerde que no son recomendables algunas construcciones del tipo: *Se editará un manual por el Colegio de Licenciados.*

CONDICIONAL

Al igual que la pasiva, esta variante verbal ofrece algunos problemas de uso por analogía con otros idiomas, en este caso el francés. Se trata de una forma relativa que se emplea en relación a otros verbos utilizados en pasado. Por tanto, su uso debe limitarse a los siguientes casos:

♦ Para expresar un deseo, reproche o petición que se expone de una forma cortés: *¿Le importaría decirme la hora?*

♦ Cuando depende de un verbo en subjuntivo. En tales casos, no resulta muy propio escribir una oración compuesta con otro subjuntivo, como: *Si te hubieras esforzado más, lo hubieses aprobado.* En cambio, siempre será más correcta una construcción como: *Si te hubieras esforzado más, lo habrías aprobado.*

Para comprender mejor este nivel de relación gramatical, podemos transformar ambas oraciones en sus tiempos simples: *Si te esforzaras más, lo aprobaras* es claramente incorrecto. Se debe escribir: *Si te esforzaras más, lo aprobarías.*

♦ También se utiliza en las oraciones que expresan posibilidad en un tiempo pasado: *Por aquel entonces tendría unos doce o trece años.*

En cambio, hay algunos casos en que el uso del condicional es totalmente incorrecto o poco recomendable desde el punto de vista gramatical, aun cuando sean bastante frecuentes en la lengua hablada. Son los siguientes:

♦ Cuando están en relación con un verbo en indicativo. Así pues, atenta contra la sintaxis escribir: *Si lo hicieras, yo te secundaré*. En este caso, la oración correcta sería: *Si lo hicieras, yo te secundaría* o *Si lo haces, yo te secundaré*.

♦ Cuando la posibilidad en el pasado es un hecho que no está garantizado o un simple rumor. Éste es un caso de flagrante galicismo, que se da en oraciones como *La comisión habría establecido un pacto con otras organizaciones políticas*; o *El fiscal habría tenido conocimiento de los hechos por fuentes no judiciales*. Lo correcto en estos casos sería utilizar giros sintácticos que denoten probabilidad como: *Según parece, la comisión ha establecido...* o *Algunos indicios apuntan a que el fiscal ha tenido conocimiento...*

IMPERATIVO

Al utilizar el imperativo, se suelen dar también algunos errores gramaticales que debemos evitar en la medida de lo posible:

♦ Utilizar el infinitivo con función imperativa. A este respecto, son incorrectas oraciones como *Callaros* o *Decir todo lo que sabéis*. Se deben escribir: *Callaos* y *Decid todo lo que sabéis*.

♦ Cuando la orden es negativa, no se debe emplear nunca el imperativo, sino el subjuntivo. Es totalmente incorrecto escribir: *No hablad* o *No jugad en la calle*. En cambio, el uso correcto sería: *No habléis* o *No juguéis en la calle*.

GERUNDIO

Ésta es la forma verbal no personal que plantea más problemas gramaticales. El gerundio indica que la acción presenta un carácter durativo. Por ello, su utilización está indicada en los siguientes casos:

♦ Cuando complementan a verbos que ofrecen, en mayor o menor grado, un cierto matiz de movimiento. Por ejemplo: *Íbamos cantando por el campo cuando de repente...*; *Anduvo meditando todo el día sobre ese asunto*; *Va diciendo cosas raras por ahí*.

♦ Cuando presenta una función adverbial de modo. Así pues, una oración como *Se marchó corriendo* equivale también a *Se marchó velozmente*. Cuando el gerundio funciona como un adverbio, puede incluso recibir sufijos diminutivos (*andandito, callandito*).

♦ En oraciones subordinadas, el gerundio se utiliza para expresar relaciones de simultaneidad o anterioridad con respecto a la acción dictada por el verbo de la oración principal: *El ladrón, asegurándose de que no había nadie en casa, forzó la puerta* (anterioridad); *En dando las doce, salieron a la calle* (simultaneidad).

♦ En oraciones independientes, se utiliza sólo en algunos casos excepcionales como pies de fotografías o de obras artísticas: *Los concejales saliendo del ayuntamiento*; *Mujer mirando al infinito*.

♦ La Academia de la Lengua sólo admite dos usos del gerundio como adjetivo o atributo de un sustantivo: *agua hirviendo* y *palo ardiendo*. En los demás casos es incorrecto (*camión transportando diez toneladas de...*).

El uso del gerundio es incorrecto en los siguientes casos:

♦ En el llamado gerundio de posterioridad, es decir, cuando la acción que marca esta forma verbal es posterior a la acción del verbo principal: *Se cayó de bruces, rompiéndose un brazo*; *Explotó el artefacto, muriendo diez personas*.

♦ Cuando se utiliza con función adjetiva (véase el último punto del bloque anterior).

♦ Cuando el uso del gerundio puede dar lugar a equívocos o significados ambiguos: *Encontré a tu padre entrando en la sala* (¿Quién entraba: tu padre o yo?).

37. OTROS ERRORES SINTÁCTICOS MUY FRECUENTES

Además de los problemas con las concordancias y con la utilización de las formas verbales, al ejercer el acto de la escritura se suelen cometer algunos fallos de índole gramatical que empobrecen enormemente un texto, sea cual sea su calidad estilística. En este apartado estudiaremos los errores que suelen aparecer con mayor frecuencia en un escrito, ya sea por dejadez, por desconocimiento o por deformación derivada del lenguaje coloquial.

A NIVEL DE

- ♦ Se utiliza correctamente esta expresión cuando indica un concepto relacionado con la altura: *A nivel del mar* o *No ha llegado al nivel de exigencia requerido*.
- ♦ Sin embargo, este giro sintáctico se suele utilizar en otros contextos que no tienen nada que ver con la noción de altitud. Así pues, es frecuente ver escritas oraciones como: *Ha sido prohibido a nivel internacional* o *La pregunta se planteó a nivel de examen*.

♦ En estos casos, la solución consiste en sustituir la expresión por otros giros más propios de nuestra lengua, como *en el ámbito* o *como*: *Ha sido prohibido en el ámbito internacional* o *La pregunta se planteó como examen.*

CUYO

♦ Se trata de un pronombre que ejerce al mismo tiempo la función de relativo y posesivo. Por tanto, debe concordar en género y número con su antecedente: *cuyo, cuya, cuyos, cuyas.*

♦ Por tanto, se comete un grave error gramatical cuando se utiliza sin su valor posesivo: *Es preciso garantizar el cumplimiento del consenso, cuyo cumplimiento es ineludible* (en este caso la forma correcta sería *Es preciso garantizar el cumplimiento del consenso, cumplimiento que es ineludible*).

♦ También se infringe la normativa gramatical cuando uno de estos pronombres va seguido de dos sustantivos. En estos casos la concordancia sólo se produce con el primero de ellos. Así, resulta incorrecta una oración como: *Se reunió la junta, cuyos presidente y miembros...* Se debería escribir: *Se reunió la junta, cuyo presidente y miembros...*

♦ También son incorrectas expresiones como *a cuyo efecto, a cuyo fin* o *con cuyo objeto,* entre las más usuales.

DEBE Y DEBE DE

♦ El verbo *deber* indica obligación (*Debes hacerlo ahora*), mientras que la expresión *deber de* implica probabilidad (*Debían de ser más o menos las doce*).

♦ Por tanto, es incorrecto utilizar estos verbos con sus funciones intercambiadas. No se puede escribir *Debes de hacerlo ahora* ni tampoco *Debían ser más o menos las doce*.

DEQUEÍSMO

♦ Algunos verbos rigen el uso de la preposición *de*, es decir, exigen un complemento precedido de esta partícula: *acordarse de, estar seguro de, informar de, darse cuenta de...* Por tanto, ésta debe aparecer también en las oraciones subordinadas que presentan verbos de este tipo: *Se acordó de que no había preparado la reunión* o *No se dio cuenta de que se había equivocado*.

♦ Por analogía con estos verbos con complemento regido, es habitual utilizar la fórmula *de que* en oraciones con verbos que no exigen el uso de esta preposición. Este fenómeno de incorrección gramatical se conoce como *dequeísmo* y se da generalmente con verbos que tienen un significado próximo a *decir* o *pensar* (*aconsejar, afirmar, contestar, creer, pensar, sospechar, suponer*, etc.), pero también con otros como *prohibir, informar* o *desear*: *Le dijo de que no viniera; Creo de que no debes hacerlo; Pienso de que no tiene arreglo; Le prohibió de entrar en la casa*.

♦ La reacción a este craso error gramatical puede desembocar en el defecto por omisión, es decir, suprimir la preposición *de* cuando realmente está exigida por el verbo. Así pues, son igualmente incorrectas frases como: *No se dio cuenta que lo estaba haciendo mal; Estaba seguro que lo haría* o *No se acuerda que me lo dijo*.

EN BASE A

♦ Se trata de una expresión que, desde el ámbito lingüístico forense, ha trascendido a otros registros de la lengua. Su utilización no es incorrecta, pero debe evitarse en la medida de lo posible.

♦ En niveles lingüísticos que no sean el propiamente forense, se debe sustituir por expresiones más propias: *a partir de*, *sobre la base de*, *basado en* o *basándose en*.

ES POR ESTO (ESO) QUE

♦ Se trata de un giro sintáctico que se utiliza con frecuencia para expresar la causa. Sin embargo, se trata de un barbarismo importado del francés y del catalán que no ha de ser usado en ningún caso. Por tanto, no deben escribirse oraciones como: *Es por eso que lo he hecho*.

♦ Las expresiones correctas serían: *Es por eso por lo que lo he hecho* o, más simplemente, *Por eso lo he hecho*.

LAÍSMO

♦ Es la utilización incorrecta del pronombre personal *la* por *le*. Se suele dar cuando se emplea la forma pronominal del complemento directo (*la*) en función de complemento indirecto (*le*).

♦ Así pues, resulta correcta una oración como *La llevé a su casa*, ya que en este caso el pronombre personal realiza su función pertinente de complemento directo.

♦ Sin embargo, una oración como *La compré un libro* (*un libro* es el complemento directo) debe sustituirse por *Le compré un libro* (*le* como complemento indirecto: a ella).

LEÍSMO

◆ Éste es uno de los casos más complejos, gramaticalmente hablando. Las formas pronominales *le* y *les* se utilizan para indicar el complemento indirecto. Sin embargo, *le* (nunca *les*) también puede utilizarse para indicar el complemento directo cuando se trata de una persona de género masculino: *Cuando vi a tu padre le llamé* (o *lo llamé*).

◆ Por tanto, el leísmo se produce cuando *le* ejerce como complemento directo de personas de género femenino, de género masculino (en el caso del plural), animales u objetos: *Cuando vi a tu madre le llamé*, debe sustituirse por *Cuando vi a tu madre la llamé*; y una oración como *Cuando tu perro se me subió encima le regañé* debe reemplazarse por *Cuando tu perro se me subió encima lo regañé*.

LOÍSMO

◆ Es el caso contrario al anterior, aunque se suele dar con menos frecuencia. Se produce cuando se utiliza *lo* con función de complemento indirecto.

◆ Así pues, no se debe escribir *Lo compré una caja de galletas* sino *Le compré una caja de galletas*.

QUE

◆ Es bastante frecuente omitir la preposición que requiere el pronombre de relativo *que* (ya vimos anteriormente el problema de dequeísmo por omisión).

◆ Por tanto, hay que prestar mucha atención a construcciones deficientes como éstas: *No vino el día que lo comentamos* (*en que lo comentamos*); *No ha aparecido el arma que se cometió el crimen* (*con que se cometió el crimen*).

♦ Mientras que el primero se utiliza preferentemente con antecedentes no personales, el segundo se emplea siempre con personas.

♦ Así pues, resulta incorrecta una oración como *Es la Junta quien debe asumir la responsabilidad*. Se debe escribir: *Es la Junta la que debe asumir la responsabilidad*. También es completamente gramatical la oración: *Es el presidente quien debe asumir la responsabilidad*.

TERCERA PARTE

SISTEMAS FUNDAMENTALES DE REDACCIÓN

Finalizamos este recorrido temático con una sección eminentemente práctica, en la que encontrará las claves y estrategias necesarias para dominar con soltura los sistemas básicos de la redacción. Sin duda, nuestro objetivo primordial al plantear esta obra es que mejore y perfeccione sus conocimientos sobre la lengua escrita. Pero también sabemos que, dentro de todos nosotros, late un espíritu creativo que, con ayuda de los datos y ejercicios de las siguientes páginas, podrá desarrollar con mayores garantías.

VIII. LA NARRACIÓN

38. QUÉ ES UNA NARRACIÓN

Narrar es el arte de contar sucesos reales o imaginarios. Y califi-
camos de arte esta actividad porque va más allá de la simple exposición de los hechos. La finalidad de toda narración es atraer la
atención del receptor. Los sucesos más interesantes pueden resultar tediosos si la narración adolece de ritmo y emoción; por el
contrario los hechos más nimios despertarán la curiosidad del
oyente o del lector si éstos están bien relatados. Que se trate de
realidad o de ficción carece de importancia a la hora de narrar,
ya que los conceptos de verdadero y falso se relativizan en función de la intencionalidad del autor.

LA NARRACIÓN A LO LARGO DE LA HISTORIA

Un repaso por la historia de las civilizaciones nos revela el destacado lugar que ocupa la narración, que siempre ha gozado de
la preferencia popular frente a otros sistemas de transmisión
colectiva.

Las narraciones de relatos, leyendas o mitos sobre dioses, héroes o simples mortales, transmitidas de generación en generación, han contribuido a perpetuar en el tiempo un pasado común, del que se ha nutrido gran parte de la literatura universal, desde los cuentos infantiles hasta la épica o la novela.

En un principio la narración tenía carácter oral: los poetas contaban de viva voz unas historias que el público a su vez recogía e intercambiaba. En la Grecia antigua, uno de los pasatiempos favoritos era escuchar las leyendas que cantaban los aedos al son de sus liras. También los bardos, poetas celtas, exaltaban los hechos heroicos de su pueblo. En la Edad Media los juglares fueron los responsables de transmitir los cantares de gesta y los romances, continuando así con una tradición oral popular. La aparición de la imprenta en el siglo XV dio una nueva dimensión al concepto de narración, al contribuir de manera definitiva a la difusión de los relatos.

LA NARRACIÓN EN NUESTROS DÍAS

Narrar no es una actividad exclusiva de escritores u oradores consagrados; la narración también forma parte de nuestro ámbito más cotidiano y personal: todos hemos tenido alguna vez una historia que contar y hemos experimentado la satisfacción que supone mantener la atención de la audiencia. Ciertamente es más difícil saber plasmar esas palabras sobre el papel, y conseguir con técnicas de escritura el mismo efecto que se logra mediante la entonación y la cadencia. Sin embargo eso sólo requiere, como cualquier otra actividad, cierta práctica y un mínimo interés personal.

Asimismo en la actualidad ha adquirido un protagonismo especial en los medios de comunicación de masas: tanto la prensa como la radio y la televisión poseen un componente narrativo indispensable para transmitir de una manera directa y completa todo tipo de información.

ELEMENTOS FUNDAMENTALES DE LA NARRACIÓN

Antes de centrar nuestra atención en las técnicas narrativas propiamente dichas, merece la pena destacar los elementos fundamentales en cualquier narración. Básicamente son cuatro:

1. **Historia o argumento**
2. **Narrador**
3. **Personajes**
4. **Lugar**

Historia o argumento

La historia o argumento es la base del relato: lo que se quiere contar. Alrededor de la historia, que suele centrarse en un conflicto (de intereses, personal, etc.), se compone todo un universo literario. Es importante que la historia sea lo suficientemente interesante para poder atraer al lector. Y no hay que olvidar que una buena narración puede mejorar mucho un argumento.

Narrador

El narrador es, como su nombre indica, quien narra o cuenta la historia. Los lectores tienen acceso a la información que el narrador quiera dar puesto que es él quien organiza la disposición formal y el entramado de la novela. El narrador nos presenta a los personajes, nos cuenta el argumento desde su punto de vista y nos sitúa la historia en un determinado lugar. Aunque a menudo el autor se sirve de la figura del narrador para expresar su opinión, no tienen por qué coincidir.

Personajes

Los personajes son los protagonistas de la historia: los que viven las acciones, los que crean situaciones, expresan sentimientos, etc. A pesar de que en una narración pueden aparecer numerosos personajes, hay que distinguir entre los principales y los secundarios. Los primeros son aquellos imprescindibles para la historia, los que no se pueden sustituir por otros sin variar la historia que se cuenta. Los segundos, por el contrario, son personajes perfectamente reemplazables, cuya sustitución no altera en ningún sentido el argumento.

Lugar

El lugar es el escenario en el que se sitúa la acción. En ocasiones el lugar donde se desarrolla la historia carece de importancia y el narrador omite dar detalles innecesarios (a veces ni se nombra dicho lugar); pero en otras ocasiones el espacio adquiere un protagonismo en los hechos, y una correcta localización permite una mayor comprensión de los mismos. En estos casos suele ser necesaria una detallada descripción (por ejemplo, Barcelona en *La ciudad de los prodigios*, de Eduardo Mendoza).

CONSEJOS PARA UNA CORRECTA NARRACIÓN

Aunque cualquier tipo de narración responde a un acto creativo por parte del autor, y por consiguiente se trata de algo totalmente personal, creemos oportuno presentar unas directrices que pueden ser de gran utilidad a la hora de enfrentarse al reto que supone la escritura.

1. **Hacer una introducción atractiva** de los hechos permite captar de entrada la atención del lector. Por el con-

trario una presentación demasiado densa, extensa o ambigua puede desanimar a cualquiera.

2. **Mantener la coherencia del relato:** aunque una historia puede estar compuesta por numerosos hechos, es importante que éstos guarden cierta relación. Una sucesión de acciones inconexas sólo consigue confundir al lector. Esa misma sucesión de acciones aparentemente independientes puede configurar la historia siempre que haya algún elemento aglutinador, como puede ser un personaje o un escenario común.

3. **Mantener un orden temporal determinado**, que no necesariamente tiene que coincidir con el orden cronológico. Aunque la presentación de las acciones en el mismo orden en que se desarrollan facilita la comprensión del relato, a menudo se recurre a un desorden temporal para aumentar la atención del lector. Pero sea cual sea la técnica utilizada es importante que exista cierta coherencia y que el lector sepa siempre situar los hechos en relación al resto de la historia. La correcta utilización de los tiempos verbales desempeña aquí un destacado papel.

4. **Incluir descripciones:** tanto la presentación de personajes como de escenarios se suele servir de la descripción. Una visión detallada de los protagonistas y sus ambientes permite al lector crearse una idea de los mismos, acorde con la del autor. No obstante la descripción siempre rompe el ritmo de la acción por lo que no conviene abusar de ella.

5. **Incluir diálogos de los personajes** permite conocerlos de una manera directa al mismo tiempo que se logra dinamizar el relato.

6. **Crear cierta tensión**, que consiga mantener la atención del lector hasta el final del relato. Es importante lograr

cierta intriga que motive la continuidad de la lectura. Demasiados hechos previsibles pueden arruinar una interesante historia; de ahí la importancia de saber presentar los elementos en el momento adecuado.

7. **Conseguir un ritmo narrativo propio.** Se logra mediante una correcta aplicación de las características anteriores. Conseguir un estilo propio y característico lleva su tiempo, pero es importante que el ritmo de la obra se adecue al tipo de relato escogido: no deberemos darle el mismo tratamiento a un relato de suspense y acción que a uno de carácter intimista.

39. PRINCIPALES TÉCNICAS NARRATIVAS

Una vez definida la historia que queremos transmitir debemos decidir la manera de presentársela al lector. En función del tipo de relato que pretendamos ofrecer elegiremos las técnicas narrativas más adecuadas. Un planteamiento previo a la escritura nos permitirá aclarar dos puntos importantes:

1. **El tipo de narrador que vamos a elegir para que conduzca la historia.**
2. **El punto de vista del narrador; es decir, la perspectiva desde la que se van a narrar los hechos.**

TIPOS DE NARRADOR

Narrador en primera persona

El personaje que vive la acción es quien relata lo que sucede. La identificación entre narrador y protagonista se consigue mediante la utilización de determinados elementos deícticos como pueden ser los adjetivos y pronombres personales en primera persona (*yo, mi*) o las formas verbales también en primera persona. A su vez la narración puede ser, o no, autobiográfica:

1. Relato autobiográfico

Cuando el protagonista se identifica con el narrador es frecuente, a su vez, confundirlo con el autor del relato. Protagonista, narrador y autor pueden ser la misma persona pero esta coincidencia no tiene por qué darse. Para que un relato se considere autobiográfico basta con la identificación de los dos primeros. De esta manera la historia adquiere el tinte de realismo que se persigue, independientemente de la veracidad de los hechos.

> *Me llamo Eva, que quiere decir vida, según un libro que mi madre consultó para escoger mi nombre. Nací en el último cuarto de una casa sombría y crecí entre muebles antiguos, libros en latín y momias humanas, pero eso no logró hacerme melancólica, porque vine al mundo con un soplo de selva en la memoria.*

Isabel Allende, *Eva Luna*

2. Relato no autobiográfico

Mediante esta técnica el narrador cede la palabra a uno de los personajes, que a partir de ese momento es el encargado de conducir la narración. Es una manera de presentar la historia desde una óptica más objetiva y de introducir un elemento que incremente la credibilidad. Un recurso habitualmente utilizado es el de transcribir cartas o manuscritos hallados por casualidad o entregados por algún personaje secundario que permiten un cambio de narrador sin abandonar por ello la utilización de la primera persona.

Encontradas, las páginas que a continuación transcribo, por mí a mediados del año 39, en una farmacia de Almendralejo –donde Dios sabe qué ignoradas manos las depositaron– me he ido entreteniendo, desde entonces acá, en irlas traduciendo y ordenando (...) Quiero dejar bien patente desde el primer momento, que en la obra que hoy presento al curioso lector no me pertenece sino la transcripción; no he corregido ni añadido ni una tilde, porque he querido respetar el relato hasta en su estilo. (...) Pero dejemos que hable Pascual Duarte, que es quien tiene cosas interesantes que contarnos.

Camilo José Cela,
La familia de Pascual Duarte

Narrador en tercera persona

Con esta técnica el narrador no se identifica con el protagonista. Relata los hechos pero no participa en ellos sino que los vive a cierta distancia. El narrador puede ser ajeno a la historia o ser un personaje de la misma, que actúa como testigo directo. En estos casos los deícticos utilizados son los adjetivos y pronombres personales de tercera persona (*él, ella, su...*) así como la tercera persona verbal.

Una mujer enlutada, de unos sesenta años, con aire de infortunio y de iglesia, con tacones chatos y torcidos, esperaba sentada en un banco, en el vestíbulo de la comisaría, sosteniendo entre las manos un bolso pequeño y negro como si fuera un

misal, nerviosa y rígida, atenta a la lluvia, y donde
aparecían de vez en cuando siluetas de policías
que entraban cerrando los paraguas y sacudién-
doles el agua, maldiciendo el tiempo.

Antonio Muñoz Molina, *Plenilunio*

Narrador múltiple

La combinación de varios narradores permite abordar la misma historia desde diferentes puntos de vista. Este contraste de perspectivas, que agiliza enormemente el relato, representa una innovación estructural respecto a la novela tradicional.

PUNTO DE VISTA DEL NARRADOR

Según su punto de vista, el narrador puede ser subjetivo u objetivo.

Narrador subjetivo

Es el que lo sabe todo. Incluso más que los propios personajes. No sólo cuenta lo que les sucede a los protagonistas de la historia sino también lo que éstos piensan y sienten. Es el narrador omnisciente para el que no hay secretos.

Por aquellos días, Hildebranda Sánchez andaba
delirando de ilusiones después de visitar a una
pitonisa cuya clarividencia la había asombrado.
Asustada por las intenciones de su padre, tam-
bién Fermina Daza fue a consultarla. Las bara-
jas le anunciaron que no había en su porvenir nin-
gún obstáculo para un matrimonio largo y feliz,
y aquel pronóstico le devolvió el aliento, porque

no concebía que un destino tan venturoso pue-
diera ser con un hombre distinto del que amaba.
Exaltada por esa certidumbre, asumió entonces
el mando de su albedrío.

Gabriel García Márquez,
El amor en los tiempos del cólera

Narrador objetivo

Es el que nos cuenta únicamente las acciones, sin explicarlas o justificarlas. Se trata de un narrador frío que mantiene una deliberada distancia con la historia. En este caso es el lector quien debe sacar sus propias conclusiones.

Después de la comida Orlando fue llevado por
Germaine a la alcoba. Orlando no puso resisten-
cia, y se despidió de la otra pareja. Estuvieron
ausentes cerca de una hora. Este tiempo lo pasó
Julio fumando en la habitación de Louise. Ella lo
miraba desde la cama. Cuando apareció Orlando,
Louise ayudó a Julio a enfundarse el abrigo. An-
tes le había metido en un bolsillo un billete de diez
francos. Julio aparentó que no veía esa maniobra.

Carranque de Ríos, *La vida difícil*

40. ORGANIZACIÓN DE LAS ACCIONES

La organización de un texto narrativo empieza normalmente con un planteamiento inicial del relato, continúa con el desarrollo de los acontecimientos y finaliza con la resolución del conflicto. Es decir que un texto habitualmente se divide en tres partes fundamentales y complementarias:

1. **Planteamiento**
2. **Nudo**
3. **Desenlace**

Planteamiento

El planteamiento tiene un carácter introductorio, sirve para presentar tanto a los personajes protagonistas, como los ambientes en los que se desarrollará la acción, o los hechos que desencadenan la historia. Suele ser el punto de partida de toda narración. Pero no es recomendable alargarse demasiado en este apartado ya que los datos aportados, aunque interesantes, nunca constituyen el tema central.

Nudo

Es la parte en la que se desarrolla el argumento. Tras la presentación inicial se expone el conflicto o situación alrededor del cual se construye la historia. Acostumbra a ser la parte más extensa por ser la principal.

Desenlace

Es la parte en la que se revela la solución al conflicto planteado. El desenlace nos cuenta cómo acaba la historia. Es conveniente alargar hasta el final la tensión creada durante el relato, ya que un final previsible puede restar emoción a la narración. Asimismo el desenlace debe responder a las expectativas creadas: un final incoherente con el argumento puede destrozar una gran historia.

EL TIEMPO DEL RELATO

La división anteriormente descrita se corresponde con un tratamiento **lineal** del tiempo. Los hechos se cuentan en el mismo orden en que suceden, lo que explica por ejemplo que el desenlace no se desvele hasta el final.

Pero en ocasiones ese orden se altera intencionadamente, como respuesta a un acto creativo del autor o para aumentar el interés del lector. En este caso la narración no sigue un orden cronológico sino **anacrónico**: el narrador puede empezar contando el final y a partir de ahí explicar cómo empezó todo. O presentar de entrada la situación central y saltar en el tiempo entre el pasado (cómo se ha llegado a ella) y el futuro (qué pasará después). No hay que olvidar que este tipo de narración requiere una mayor habilidad narrativa y que puede llegar a ser caótico si el tratamiento temporal no es acertado, por lo que conviene que los cambios de escenas sean muy evidentes (mediante cambios de capítulos o de párrafos, por ejemplo), para evitar así la confusión en el lector y facilitarle la reconstrucción de la historia.

41. DRAMATIZACIÓN DE LAS ACCIONES

Para crear una historia capaz de interesar y conmover al lector es importante que el relato presente la mayor animación posible, siempre y cuando la naturaleza del mismo lo permita. Un acontecimiento relevante para la historia favorecerá una narración vívida y completa; por el contrario un hecho insignificante o trivial no requerirá un desarrollo similar. La animación o dramatización del texto se logra introduciendo en él gran variedad de elementos, tanto en el ámbito estructural como en el lingüístico.

CONSEJOS PARA AUMENTAR LA DRAMATIZACIÓN DE UN TEXTO

A continuación presentamos algunos de los recursos más habituales utilizados para lograr la pretendida animación:

♦ **Cambiar con frecuencia de escenas.** Para ello se suele dividir el texto en capítulos o episodios, en cada uno de los cuales se desarrolla una idea o situación diferente. Cada parágrafo debe mantener una coherencia interna al mismo tiempo que estar interrelacionado con el resto del texto.

- ♦ **Alternar la participación de diferentes personajes.** La presencia constante y única de uno de ellos puede llegar a aburrir, salvo que se trate de un monólogo intencionado. Por el contrario, la variedad de personajes animará considerablemente el relato.

- ♦ **Incluir descripciones en el texto.** Además de presentar a los personajes o los lugares en los que transcurre la historia, las descripciones se utilizan para cambiar el ritmo del relato en un momento determinado, por ejemplo para prolongar una situación de suspense.

- ♦ **Incluir diálogos en el texto.** La intervención directa de los personajes agiliza enormemente la narración. Es aconsejable combinar la voz del narrador con la de los protagonistas, favoreciendo así la dramatización de la historia.

- ♦ **Alternar los tiempos verbales.** Los tiempos en pasado son los más utilizados a la hora de narrar. La riqueza de la lengua castellana nos permite usar varias formas pretéritas de manera simultánea: lo más normal es recurrir al indefinido o perfecto, combinado con el presente histórico, para contar las acciones concretas; y reservar el imperfecto para las descripciones tanto de lugares y personajes como de acciones.

- ♦ **Introducir elementos inesperados.** No se deben confundir con elementos incoherentes o absurdos. Es importante sorprender al lector de alguna manera. La aparición de un personaje en un momento dado o la revelación de un secreto guardado celosamente hasta entonces pueden conseguir un golpe de efecto muy interesante.

42. CONSTRUCCIÓN DE PERSONAJES

Como ya hemos apuntado anteriormente, los personajes constituyen el elemento activo de la narración: son los que provocan, crean, viven, sufren y desarrollan la historia, desde el principio hasta el final. Los personajes suelen ser personas pero en ocasiones son animales o seres inanimados o irreales los que protagonizan el relato.

Aunque todos los personajes de una obra tienen una función específica, el narrador no les otorga el mismo tratamiento a todos ellos. Es importante distinguir entre todo el elenco los personajes **principales** de los **secundarios**. Los principales son aquellos que se revelan imprescindibles para la comprensión del relato y su sustitución puede alterar sustancialmente el argumento de la obra. Suelen ser los que aparecen con más frecuencia en la narración y, dada su importancia, el narrador los presenta de una manera mucho más detallada. Por el contrario los personajes secundarios, aunque importantes, nunca soportarán el peso de la narración y pueden ser sustituidos por otros de características similares sin temor a variar el argumento.

Los personajes principales a su vez pueden ser clasificados en dos tipos: el **protagonista** y el **antagonista**. El protagonista o los protagonistas, ya que pueden ser varios, son los personajes centrales de la historia, de los que se sirve el narrador para desarrollar la acción. Podríamos decir por tanto que es su historia la que se cuenta. A su vez, el protagonista acostumbra a estar acompañado por personajes secundarios de dos clases: los que le ayudan a conseguir su objetivo y los que intentan impedírselo. Entre estos últimos destaca la presencia del antagonista que en el caso de personajes estereotipados representará la figura opuesta al protagonista: si uno encarna el bien, el otro el mal; si uno es un triunfador, el otro un perdedor, etc.

PRESENTACIÓN DE LOS PERSONAJES

El narrador suele presentar a los personajes mediante un retrato que puede ser físico o psicológico. Para ello es preciso, en primer lugar, representarnos mentalmente a la persona que queremos describir y fijar nuestra atención en aquellos rasgos que mejor la caractericen. Cuanto más detallada sea la imagen mental, más completa podrá ser la descripción.

Retrato físico

La representación física de un personaje puede ser de gran importancia para comprender su manera de actuar y reaccionar ante las diferentes situaciones. La literatura está llena de ejemplos de personajes cuyo particular físico ha influido decisivamente en sus vidas: Cyrano de Bergerac o el Jorobado de Notre Dame son algunos de ellos. Es importante, por tanto, destacar los rasgos más característicos del personaje, aquellos que le identifican y distinguen del resto.

> *Lo que llamaba la atención en el muchacho era*
> *la belleza grave de sus facciones meridionales y*
> *cierta inquietante inmovilidad que guardaba una*

extraña sensación –un sospechoso desequilibrio,
por mejor decir– con el maravilloso automóvil.
(...) El color oliváceo de sus manos, que al encen-
der el segundo cigarrillo temblaron impercepti-
blemente, era como un estigma. Y en los negros
cabellos peinados hacia atrás había algo, además
del natural atractivo, que fijaba las miradas feme-
ninas con un leve escalofrío.

Juan Marsé, *Últimas tardes con Teresa*

Retrato psicológico

Es el que nos desvela aspectos del carácter del personaje. Gracias a una descripción de este tipo tenemos acceso a su personalidad y podemos comprender muchas de sus reacciones. A menudo el narrador reduce u omite la descripción psicológica y en estos casos el lector debe sacar sus propias conclusiones a partir de la actuación del personaje. Pero en cualquier caso es muy impor-tante mantener la coherencia entre la presentación que hace el narrador de un personaje y la que se desprende de sus acciones y de su relación con los otros protagonistas. De no ser así es fácil provocar el desconcierto en el lector.

Había cumplido veintiún años la última semana
de enero, y era esbelto y pálido, y tenía los pár-
pados árabes y los cabellos rizados de su padre.
Era el hijo único de un matrimonio de convenien-
cia que no tuvo un solo instante de felicidad, pero
él parecía feliz con su padre hasta que éste murió
de repente, tres años antes, y siguió pareciéndolo
con la madre solitaria hasta el lunes de su muer-

*te. (...) La muerte de su padre lo había forzado a
abandonar los estudios al término de la escuela
secundaria, para hacerse cargo de la hacienda
familiar. Por sus méritos propios, Santiago Nasar
era alegre y pacífico, y de corazón fácil.*

Gabriel García Márquez,
Crónica de una muerte anunciada

Pero además de la información que pueda dar el narrador, de
una manera más o menos objetiva, los personajes se presentan a sí
mismos mediante sus intervenciones directas, es decir, a través de
los **diálogos** que mantienen entre sí. En ellos el narrador cede la
voz a los propios protagonistas, y es importante que su forma de
hablar refleje tanto su manera de ser como su nivel sociocultural.

–Y tú, hija, ¿estás virgo?
Victorita se puso de mala uva.
–¿Y a usted qué leche le importa?
*–Nada, hijita, nada. Ya ves, curiosidad...¡Caray
con las formas! Oye, ¿sabes que eres bastante
maleducada?*
–¡Hombre, usted dirá!

Camilo José Cela, *La colmena*

CONSEJOS PARA LA CONSTRUCCIÓN DE PERSONAJES

1. **Mantener la coherencia:** Es importante recordar que
   habitualmente en la caracterización del personaje intervienen tres elementos de manera simultánea: en primer
   lugar la descripción que nos presenta el narrador; en

segundo lugar las acciones y reacciones de esos personajes y, en tercer lugar, los diálogos que mantienen entre ellos. La coherencia entre unos y otros es imprescindible para definir con exactitud a un personaje.

2. **Hacerlos creíbles:** Cuanto más creíbles sean los personajes más se implicará el lector en la historia. Esta credibilidad depende en parte de la coherencia anteriormente citada, pero para construir un personaje real también es importante alejarse de los estereotipos que no se ajustan a la realidad: la maldad y la bondad son conceptos muy relativos y un personaje que, pase lo que pase, siempre sea bueno o siempre sea malo será poco creíble.

3. **Explicar los comportamientos que puedan ser dudosos:** Cuando el narrador es omnisciente debe explicar o justificar todas aquellas acciones que no se correspondan con la imagen creada del personaje. Una acción sorprendente responde a una causa determinada que el lector, tarde o temprano (a veces se retrasa la explicación para aumentar la tensión), deberá conocer.

43. EL LENGUAJE EN LA NARRACIÓN

Uno de los aspectos fundamentales a la hora de narrar es saber utilizar correctamente los elementos que el lenguaje nos proporciona. Aunque el instrumento que utilizamos para expresar nuestras ideas tanto cuando hablamos como cuando escribimos es el mismo, las diferencias entre lenguaje oral y lenguaje escrito son muchas. Pero todas ellas se resumen en una principal que engloba al resto y es que nuestro habla posee un componente de espontaneidad que no forma parte de nuestra expresión escrita. Pensamiento y lenguaje están tan íntimamente ligados que es difícil diferenciarlos. Eso hace que el pensamiento y su materialización a través del habla sean prácticamente inmediatos. Al mismo tiempo que las ideas fluyen las verbalizamos, de ahí la naturalidad y espontaneidad del lenguaje oral.

PRINCIPALES CARACTERÍSTICAS DEL LENGUAJE ORAL

(véase también el apartado 5)

1. **Frases inacabadas:** Todo acto de comunicación requiere un interlocutor. Cuando mantenemos un diálogo con alguien es frecuente dejar frases sin terminar, bien por-

que el otro interrumpe nuestro discurso, bien porque podemos desviar nuestra atención de una idea a otra.

2. **Incoherencia en el discurso:** Precisamente la facilidad para pasar de un tema a otro es la causa de que a menudo perdamos el hilo de la narración y dejemos un tema en el aire. Cuántas veces hemos oído frases del tipo: «No me has acabado de explicar», «Qué me decías sobre...», «Cómo acaba la historia que me estabas contando».

3. **Repetición de elementos:** La repetición tanto de frases enteras como de palabras es propia del lenguaje oral. En ocasiones se utiliza para poner el ésfasis en una idea y en otras sirve como estrategia más o menos intencionada para ganar tiempo y organizar el pensamiento.

4. **Muletillas:** Son las repeticiones y los bordones que se intercalan en el discurso hablado de una manera inconsciente. Forman parte de los hábitos lingüísticos y es muy difícil evitarlos cuando ya están interiorizados. «Esto...», «¿sabes?», «entonces», etc.

5. **Imprecisión:** El contexto en el que se desarrolla una conversación así como el lenguaje gestual que lo acompaña permiten que las imprecisiones del lenguaje no distorsionen el discurso. Aun así, la mayoría de los malentendidos tienen su origen en esa imprecisión. El lenguaje escrito no permite esta inexactitud ya que por su propia naturaleza debe ser más preciso.

6. **Errores de concordancia:** La rapidez con la que transformamos nuestras ideas en palabras es la responsable de los frecuentes errores de concordancia entre los diferentes elementos que constituyen la frase que afectan a la sintaxis. («la... mi opinión»). El lenguaje oral es permisivo con esta clase de equivocaciones, pero no así el escrito cuya mayor exigencia obliga a mantener una cuidada gramática.

Todas estas características que encontramos en el discurso oral pueden trasladarse al diálogo que mantienen los personajes, puesto que éste refleja su forma de hablar de una manera directa, sin intervenciones ajenas. Sin embargo deberán evitarse cuando el narrador retome el discurso puesto que en él, salvo excepciones, el habla coloquial cede paso a un lenguaje más retórico.

Para construir una narración atractiva es fundamental tener en cuenta dos supuestos estrechamente relacionados entre sí:

1. Utilizar gran variedad de elementos
2. Evitar las repeticiones

Variedad de elementos

Está especialmente indicada en relación a los verbos. El castellano es una lengua muy rica que nos ofrece una gran diversidad de formas verbales que debemos aprovechar. Teniendo en cuenta que los relatos suelen ser retrospectivos, no es de extrañar que las formas verbales pretéritas en todas sus manifestaciones sean las más utilizadas:

- ◆ **El pretérito indefinido** hace referencia a la acción. Es por tanto la forma más frecuente para narrar acontecimientos pasados (*fui, corrió, bailaron*). Pero es conveniente combinarlo con formas del pretérito perfecto (*yo siempre he trabajado solo*) o sustituirlo por el presente histórico (*de pronto recuerdo su cara y todos mis pensamientos se alejan*) cuando el relato lo permita.
- ◆ **El pretérito imperfecto** suele utilizarse en las descripciones tanto de lugares y personajes (*era alto, moreno y*

tenía un aire melancólico) como de acciones pasadas (*cada semana iba al teatro y soñaba con estar en el escenario; ese día también fui*). La alternancia de verbos de acción con verbos descriptivos es característica de toda narración.

Veamos un ejemplo en el que la combinación de diferentes formas verbales responde a una alternancia de acciones y pensamientos:

> *Luego, de día, me levanté temblando, en uno de los barrios periféricos de la gran ciudad, desconociendo cómo, cuándo, por qué estaba en esa cama, quién era esa chica de ojos verdes absorta en mi tristeza...*
>
> *Es como ocurre, antes y ahora. Te citas al atardecer. El cielo de la gran ciudad está techado de franjas rosáceas y negras. Es un día bonito y crepuscular que anticipa la noche. Los amigos o el amigo o la amiga aparecen con media hora de retraso.*

Daniel Múgica, *La ciudad de abajo*

Pero la variedad lingüística no sólo debe afectar a los tiempos verbales sino también al léxico y a la sintaxis. El lenguaje oral, basado en el diálogo entre diferentes interlocutores, exige una sintaxis sencilla que facilite el intercambio comunicativo entre los hablantes. Por el contrario, el texto escrito en el que el mensaje es unidireccional recurre a la utilización de una sintaxis más elaborada para expresar con la mayor exactitud posible las ideas del autor. Asimismo, cuando hablamos usamos un vocabulario reducido ya que tendemos a utilizar siempre las mismas palabras (no nos esforzamos en buscar sinónimos) entre las que incluimos muchas palabras «comodín» que sirven para todo. Esta tendencia deberemos evitarla siempre que escribamos ya que la riqueza léxica contribuye a mejorar cualquier texto.

Evitar las repeticiones

Pero además de recurrir a la diversidad formal, en la narración escrita es conveniente evitar determinados elementos redundantes que pueden entorpecer el ritmo del relato. Entre ellos destacamos los siguientes:

- ♦ La repetición de palabras. Cuanto más variado y preciso sea el léxico utilizado más rico será el texto.
- ♦ El abuso de adverbios acabados en *-mente* (*decididamente*, *silenciosamente*, *definitivamente*). Este tipo de palabras puede recargar mucho una narración por lo que conviene alternarlas con otro tipo de adverbios o con elementos que desempeñen idéntica función (*de manera decidida*, *sin apenas hacer ruido*).
- ♦ Los verbos *dicendi* (*dijo*, *preguntó*, *respondió*). Es importante prescindir de todos aquellos elementos que sean obvios, para no entorpecer el ritmo del relato.

–*Por cierto, ¿dónde está el niño?*
–*En la guardería. Hay que llevarlos pronto para
que adquieran un temperamento sociable.*
–*¿Y quién dice eso?*
–*Los psicólogos.*
–*Sí, fíate tú mucho de los psicólogos. Ya ves cómo
me han dejado a mí.*
–*Cállate, que tú no estás tan mal...*

En este caso, por ejemplo, es evidente que son dos los personajes que hablan y no hay lugar a confusión, por lo que no es necesario matizar las intervenciones. Pero en el caso de que haya varios interlocutores el uso de este tipo de verbos estará justificado.

–¿*Puedo hacerte una pregunta indiscreta?* –le suelto a Gema.
–*Las preguntas no son indiscretas, tal vez las respuestas, dijo Oscar Wilde* –cita Line.
–*Creíamos que el pedante era mi novio* –le recuerdo yo.
–*Ex novio* –puntualiza ella.
–¿*Cuál era la pregunta indiscreta?* –pregunta Gema.
–*Que si te lo has hecho con un tío alguna vez, como si lo viera* –suelta Line desde atrás.
–¿*Era ésa?* –pregunta Gema.
–*Era ésa* –confirmo yo.
–*A partir de hoy, llamadme Sibila* –dice Line.

Lucía Etxebarría,
Amor, curiosidad, prozac y dudas

♦ El abuso de los pronombres personales (*dijo él..., y ella preguntó..., y él contestó..., y ella insistió...*). La combinación de pronombres, nombres personales y nombres genéricos junto con la omisión de elementos deícticos favorece la fluidez del relato (*dijo Víctor..., él contestó..., el hombre respondió...*).

44. EJERCICIOS

1. ¿Qué tipo de narrador aparece en este texto? ¿Qué elementos revelan su punto de vista?

> *Urrutia abrió el cajón. Por un momento pensé que iba a sacar otra vez la pistola, pero no lo hizo. Miró durante un buen rato fuera lo que fuera que hubiese dentro y luego volvió a cerrarlo. Puso las manos sobre la mesa y me observó profundamente con aquellos ojos amarillos.*

2. Añade los elementos que creas convenientes para convertir esta narración objetiva en otra subjetiva:

> *La mujer se va por la acera, camino de la plaza de Alonso Martín. En una ventana del Café que hace esquina al bulevar, dos hombres hablan. Son dos hombres jóvenes, uno de veintitantos y otro de treinta y tantos; el más viejo tiene aspecto de jurado en un concurso literario; el más joven tiene aire de ser novelista.*

3. Justifica la utilización de las diferentes formas verbales en el siguiente fragmento:

> *El alba había barnizado de escarcha el jardín, la mañana era ocre. Nuestra amiga, caminando por una vegetación de retamas, nos condujo a una granja propiedad de su padre, que era criador de mastines. Era un hombre embutido en un traje inglés y botas de goma, de voz grave y ademanes sombríos. Estaba echando de comer a los perros. (...) Los mastines eran de colores parduscos, con manchas en las orejas, los belfos, los lomos y las panzas, de hocicos moqueantes y ojos tristes pero inyectados en sangre. Intenté acariciar uno, giró su mole y me lanzó un mordisco. Me aparté, mi novia se rió y el padre de nuestra amiga nos despidió con amabilidad.*

4. ¿Qué palabras o sintagmas podrían sustituir a los adverbios de las siguientes frases?

> *El tren se movía lentamente.*
> *Indudablemente, nuestro amigo tiene razón.*
> *Él únicamente cuenta su versión.*
> *Se acercó y se lo dijo dulcemente.*
> *Súbitamente sonó el teléfono.*

5. En el siguiente fragmento aparece el narrador en primera persona. Narra de nuevo el texto sustituyéndolo por un narrador en tercera persona:

> *Después de haber hecho el honor a los huéspedes, y en cuanto que tuve ocasión para ello, cogí*

a mi mujer, la senté a la grupa de la yegua, que
enjaecé con los arreos del señor Vicente, que para
eso me los había prestado, y pasito a pasito, y
como temeroso de verla darse contra el suelo, cogí
la carretera y me acerqué hasta Mérida, donde
hubimos de pasar tres días, quizás los tres días
más felices de mi vida.

6. Narra en primera persona un recuerdo de tu infancia.

_____

_____

_____

_____

_____

_____

_____

_____

_____

_____

_____

_____

_____

IX. LA DESCRIPCIÓN

45. PERCEPCIÓN DE LA REALIDAD: OBJETIVA Y SUBJETIVA

¿EN QUÉ CONSISTE LA DESCRIPCIÓN?

Uno de los recursos más utilizados en todo sistema de redacción es la descripción. Por medio de la palabra los autores intentan representar cualquier elemento de la realidad, independientemente de la concreción o abstracción del mismo: desde un objeto, una persona, un lugar o un ambiente hasta un sentimiento, una impresión, una sensación o una idea, toda realidad es susceptible de ser descrita de una manera más o menos objetiva. El texto descriptivo se utiliza para ofrecer al lector una imagen lo más aproximada posible al elemento representado, para lo cual intenta destacar aquellos rasgos que mejor lo caractericen. La pregunta clave a la que responde todo acto descriptivo es **¿cómo es?** y los elementos lingüísticos asociados a la descripción son principalmente los adjetivos, explicativos o especificativos, y las proposiciones adjetivas o de relativo de idéntica naturaleza. A diferencia de la narración, en la que predominan los sintagmas verbales y tiene por tanto un carácter dinámico, los pasajes descriptivos, con mayor presencia de sintagmas nominales, poseen una naturaleza mucho más estática. Cuando presentamos un personaje o evocamos un lugar detenemos momentáneamente la acción como si de un paréntesis narrativo se tratara. Un cambio de ritmo en el relato puede ser muy apropiado en determinados momentos, pero en otros puede romper la tensión creada con la narración propiamente dicha. La descripción, por tanto, es un recurso muy útil pero que hay que saber dosificar para lograr un perfecto equilibrio interno.

Básicamente hay dos tipos de descripción que no tienen por qué ser excluyentes:

1. **Objetiva o denotativa**
2. **Subjetiva o connotativa**

Descripción objetiva

Es aquella que se ajusta a la realidad. Una buena descripción objetiva ha de ser lo más fiel posible al objeto real, prescindiendo de opiniones, sensaciones o valoraciones personales. La objetividad requiere que el narrador adopte una actitud imparcial frente al objeto y que evite cualquier interferencia creativa. Los elementos lingüísticos habitualmente utilizados son los **adjetivos especificativos**, que califican al objeto de una manera concreta para expresar una cualidad que lo hace diferente del resto de elementos de la misma clase, sin añadir ninguna connotación subjetiva (*El niño rubio, la casa de campo, las bebidas frías*).

Las descripciones objetivas o denotativas son propias de los textos de carácter científico o técnico, en los que se persigue una información neutra.

Si llamamos a los miembros de la familia homíni-
da «humanos», entonces los miembros del género
Australopithecus *se califican como los primeros*
humanos. Eran animales que andaban erguidos y
medían unos noventa centímetros de altura, pro-
bablemente cubiertos de pelo como los antropoi-
des modernos. Vivieron entre hace 4 y 1,5 millones
de años. Hubo varias especies de Australopithecus,
la más vieja de las cuales es el Australopithecus
afarensis. *Más tarde evolucionaron dos especies*
separadas, una robusta, fuerte, y probablemente
vegetariana, la otra pequeña, rápida y probable-
mente cazadora.

James Trefil, *1.001 cosas que todo el mundo*
debería saber sobre ciencia

Descripción subjetiva

La descripción subjetiva o connotativa, por el contrario, no se
ciñe estrictamente a la realidad. El narrador refleja en el texto
su visión personal del objeto, lo que éste le sugiere o recuerda,
independientemente de que coincida con la realidad objetiva. En
este tipo de descripción es más importante transmitir sensaciones o impresiones que ofrecer una idea concreta del objeto en sí
mismo. Los adjetivos especificativos dejan paso aquí a los explicativos o **epítetos**, utilizados muy a menudo con intención orna-
mental, con los que el autor pretende explicar una sensación o
destacar una cualidad que ya está sobreentendida en el significado del nombre (*La blanca nieve, las aguas transparentes*). Pero
en ocasiones una sola palabra no es suficiente para transmitir
toda la carga personal del autor por lo que es frecuente recurrir

al uso de metáforas, símiles, comparaciones, etc., para completar la descripción.

Las descripciones subjetivas son propias de los textos literarios, en los que la licencia poética permite una mayor libertad expresiva.

> *La atmósfera se cargaba y la penumbra del ocaso se filtraba a cuchillo por las persianas. El otoño desmadejaba una turba de hojas y las aceras eran ocres. Nos dirigíamos a un bar, el rubio se había citado con su hermana. Yo ocultaba en el chaquetón una petaca de whisky, pagamos unas coca colas y las mezclamos con el whisky. La ciudad de abajo comenzaba a materializarse, afilaba los ángulos, retorcía los lados y me apresaba. Me saludó la hermana del rubio. Era una mujer de veinte años, con curvas que avanzaban y retrocedían.*

Daniel Múgica, *La ciudad de abajo*

46. LA OBSERVACIÓN: SELECCIÓN Y ORDENACIÓN DE LO PERCIBIDO

SELECCIÓN

Todo acto descriptivo debe estar precedido por una observación detallada del objeto o elemento que se desea reflejar. Dicha observación permitirá al autor escoger aquellos rasgos o características que definan y distingan al objeto en cuestión. Es obvio que esa selección deberá supeditarse al tipo de descripción escogido: si es objetiva habrá que seleccionar los rasgos reales más característicos y que permitan una mejor identificación; si por el contrario la descripción es subjetiva, el narrador destacará aquellas cualidades que a él le parezcan más relevantes para explicar mejor sus sensaciones. Veamos la diferencia.

Para realizar una *descripción denotativa de un objeto* podemos hacernos preguntas del tipo:

- ♦ ¿Qué forma tiene?
- ♦ ¿De qué color es?
- ♦ ¿Cuál es su tamaño?
- ♦ ¿Es viejo o nuevo?

♦ ¿Para qué sirve?

♦ ¿Dónde está?, etc.

Una *descripción connotativa del mismo objeto* debería responder a otro tipo de cuestiones:

♦ ¿Qué sensaciones despierta?

♦ ¿Qué recuerdos pueden asociarse a él?

♦ ¿Tiene algún valor sentimental?

♦ ¿Qué reacciones provoca su visión?, etc.

ORDENACIÓN

Una vez seleccionados los rasgos que deseamos destacar es importante presentarlos en un orden determinado. Al igual que la selección, la ordenación responde a una reflexión previa al acto de la escritura. Si falla la ordenación y la presentación de elementos se realiza de forma aleatoria, la descripción puede llegar a ser caótica y confundir al lector en lugar de facilitarle la representación (siempre y cuando no sea ésa precisamente la intención). El orden se puede establecer según diversos criterios entre los que podemos destacar los siguientes:

1. **De lo general a lo particular (y viceversa):** Se da una visión global de la escena que poco a poco se va reduciendo hasta describir un elemento en particular.
   Ejemplo: en un partido de fútbol empezaríamos por describir el ambiente, el estadio, el gentío, las canciones, el colorido de bufandas y banderas... para luego centrarnos en un jugador en concreto, protagonista del relato.

2. **De lo más próximo a lo más alejado (y viceversa):** Tanto en el plano espacial como en el temporal. Empe-

zamos la descripción por aquellos elementos más cerca-
nos a nosotros (objetos o recuerdos) y nos vamos ale-
jando lentamente.

Ejemplo: Una persona mayor describe su vida siguiendo
un orden cronológico, empezando por su vida actual,
siguiendo por su juventud hasta llegar a su infancia.

3. **De lo más denotativo a lo más connotativo (y viceversa):**
Se destacan en primer lugar las características reales y
objetivas de un elemento, y después las impresiones personales asociadas a él.

Ejemplo: la magdalena de Proust; se describe una magdalena (forma, color, textura, sabor) y posteriormente se
evocan los recuerdos que su imagen suscita (la infancia,
época en la que habitualmente las desayunaba).

47. ELEMENTOS Y FIGURAS RETÓRICAS UTILIZADOS EN LA DESCRIPCIÓN

La descripción recurre principalmente a los cinco sentidos para transmitir una imagen lo más vívida posible del objeto representado. La concreción de esas sensaciones de carácter visual, olfativo, táctil, etc., se consigue mediante una correcta utilización de diferentes recursos expresivos que potencien sus características, desde las más objetivas (entre las que se incluyen forma, color, tamaño, etc.) hasta las más subjetivas (aquello que recuerdan, que sugieren o que suscitan). Esos recursos incluyen tanto elementos lingüísticos como figuras retóricas, entre los que destacan los siguientes:

ELEMENTOS LINGÜÍSTICOS

♦ **Adjetivos:** Ya sea especificativo o explicativo, el adjetivo se revela como el elemento lingüístico más utilizado en las descripciones. A la hora de describir un elemento es importante otorgar prioridad al sentido que pueda reflejar mejor su naturaleza. Si se trata de comida, por ejemplo, la descripción se centrará en el gusto o el olor, pero si hablamos de una melodía, los elementos auditivos primarán sobre el resto. Los adjetivos pueden ser denotativos y ajustarse a la realidad (*azul*, *frío*, *grande*, *duro*, *largo*...) o poseer un componente más personal y ceñirse a la realidad del narrador (*espantoso*, *fantástico*, *ridículo*, *divertido*, etc.).

♦ **Proposiciones adjetivas o de relativo:** Las construcciones de este tipo que acompañan al sustantivo funcionan de la misma manera que un adjetivo. Su uso suele deberse a la dificultad para hallar una única palabra que exprese todo un concepto o una cualidad complejos. En la oración *La situación que causó tan honda impresión entre los invitados no parecía resolverse*, por ejemplo, no puede sustituirse el sintagma adjetival por un adjetivo simple de idéntico significado y la utilización de construcciones de este tipo está perfectamente justificada.

♦ **Sintagmas preposicionales:** El núcleo del sintagma nominal también puede ser modificado por otro sustantivo precedido de preposición. En ocasiones dicha construcción posee su adjetivo correlativo (*café con azúcar* por *café dulce*; *voz de mando* por *voz autoritaria*); pero en otros casos la sustitución es más difícil (*camisa sin mangas*; *pulsera de oro*; *melocotón de viña*).

FIGURAS RETÓRICAS

♦ **Comparación o símil:** Describe un objeto en relación a otros. Mediante la comparación se destacan las similitudes o diferencias existentes entre varios elementos que no necesariamente tienen que pertenecer a la misma clase (*Era una esperanza tan podrida como la manzana de Adán*; *El sol hervía al sesgo, como una perezosa bola de fuego*; *Cual adolescente enamorado, se sintió el centro del mundo*).

- ♦ **Metáfora:** Es la identificación de dos elementos debido a la existencia de algún rasgo común entre ellos. Se trata de una comparación intrínseca en la que uno de los términos puede sustituirse por el otro (*La luna se dibujaba en su rostro*; *El oro de su cabello*).
- ♦ **Personificaciones:** Este recurso se emplea para enfatizar determinadas características atribuyendo rasgos humanos a un elemento inanimado o animal (*La ciudad hacía la siesta*; *Las viejas paredes susurraban al pasar*).

La elección de los recursos lingüísticos responderá tanto a las exigencias del tipo de texto de que se trate como a los gustos personales del autor. Los escritos de carácter técnico o científico en los que se dé prioridad a la objetividad y concreción prescindirán de aquellas figuras retóricas más literarias o creativas como pueden ser la metáfora o la personificación. En textos de ficción, la mayor libertad formal y temática permitirá ampliar y experimentar con las posibilidades expresivas que la lengua ofrece.

48. RETRATO Y AUTORRETRATO

RETRATO

Con mucha frecuencia el narrador se sirve de la descripción para presentar a los personajes de su historia, y hacer una caracterización tanto de su aspecto físico como de su personalidad. Para hacer un **retrato** lo más aproximado posible es importante en primer lugar representarnos mentalmente a la persona y seleccionar aquellos rasgos que la definan y personalicen. A veces es importante detallar en extremo la descripción y destacar cuantas más particularidades mejor, pero en otras basta con señalar un único aspecto diferenciador de manera concisa:

> *Por aquellos días nació en el pueblo una niña albina a la que llamaron niña rosa.*

Cuca Canals, *Berta, la larga*

La descripción del personaje puede ceñirse únicamente a su realidad física y ofrecer un aspecto general del cuerpo y de la vestimenta, o realzar algún rasgo particular de su físico. Este tipo de descripción, poco exhaustiva ya que no se completa con información de la personalidad, es la empleada normalmente con los personajes secundarios de intervención puntual.

> *Zapatos lustrosos, brillantes como cristal. Una chaqueta de lona, una chalina en rojos, unos pantalones grises de tela fina, anchos, con pliegues en la cintura. Y el pelo corto, crespo, pegado a las sienes con gomina.*

Rosa Montero, *Crónica del desamor*

Pero la caracterización física no tiene por qué identificarse con la descripción objetiva o realista. El autor puede hacer gala de su imaginación o incluir en ella cualquier impresión personal y adornarla con tantas figuras retóricas como desee:

> *Al nacer, Rosa era blanca, lisa, sin arrugas, como una muñeca de loza, con el cabello verde y los ojos amarillos, la criatura más hermosa que había nacido en la tierra desde los tiempos del pecado original, como dijo la comadrona santiguándose.*

Isabel Allende, *La casa de los espíritus*

Sin embargo la información sobre una persona puede ampliarse y mostrar, además del aspecto físico, los rasgos psicológicos que la caracterizan: sus cualidades, sus defectos, sus gustos, su carácter, sus costumbres, etc. Este tipo de retrato más complejo, en el que además del mundo exterior se refleja el mundo interior de los personajes, se denomina **etopeya** y suele utilizarse para describir a las figuras protagonistas. Tanto sus acciones y reacciones como sus intervenciones puntuales a lo largo del relato nos descubrirán las facetas de su personalidad, pero una introducción previa del narrador puede facilitar la comprensión de su comportamiento:

> *Todo era largo en el padre: los brazos, las manos, la larga espalda deforme, el interminable cuello donde sobresalían los minúsculos huesecillos de la nuez. La cabeza se inclinaba como si todo él fuera a caer. Tenía una silueta desgarbada y casi blanda. Era tímido. Parecía temer a todo. Era maníaco. Podía ser malvado.*
>
> *Su comportamiento era imprevisible y su humor, la mayor parte del tiempo, sombrío. (...) Su elocución estaba hecha de frases breves, sin conexión las unas con las otras, y dichas con mucha rapidez. Las escupía. Sus labios eran finos. Su voz era baja y nunca la levantaba –o, al menos, muy pocas veces, en accesos de fría cólera o, también, de maníaca y ridícula indignación–.*

Agustina Izquierdo, El amor puro

La complejidad y abstracción del mundo psíquico y emocional con respecto al mundo físico obliga al narrador a recurrir a numerosas comparaciones o explicaciones que asocien los sentimientos, emociones o estados de ánimo que intenta describir con otros conceptos más concretos para hacerlos así más comprensibles e intensos. Veamos en el siguiente ejemplo cómo para describir un estado de depresión se recurre al contraste existente entre la actividad habitual y la inactividad y el llanto propios de ese estado:

Ya no soy la mujer que era hace dos meses, aque-
lla que lijaba y barnizaba y pintaba estanterías.
Siento que vuelvo a ser Anita, me emborracho con
mi propio llanto, mantengo largas conversaciones
conmigo misma y lloro en silencio lágrimas sala-
das, pequeñas cuentas de cristal. La vida se me esca-
pa por los ojos brillantes, y paso horas tumbada en
la cama, incapaz de reunir fuerzas para levantar-
me. Paseo la mirada por la habitación, recorrien-
do uno a uno los pequeños detalles que he llegado
a aprender de memoria: la casi imperceptible man-
cha de humedad en el papel pintado, el pequeño
hueco en forma de rectángulo que dejó una made-
ra que un buen día decidió abandonar el suelo de
parquet y fue a parar Dios sabe dónde, los dibujos
geométricos del kilim, rosas, verdes y granates, los
desconchados de la lámpara de porcelana.

Lucía Etxebarría,
Amor, curiosidad, prozac y dudas

AUTORRETRATO

Cuando el narrador hace una descripción de sí mismo, el retrato
se convierte en un autorretrato. Lógicamente se tratará de una
visión muy personal puesto que la identificación entre narrador
y personaje impide la objetividad. Veamos a continuación uno de
los autorretratos más célebres de la literatura española, el de
Miguel de Cervantes:

Este que veis aquí, de rostro aguileño, de cabello
castaño, frente lisa y desembarazada, de alegres

ojos y nariz corva, aunque bien proporcionada,
las barbas de plata, que no ha veinte años que
fueron de oro, los bigotes grandes, la boca peque-
ña, los dientes ni menudos ni crecidos, porque no
tiene sino seis, y esos mal acondicionados y peor
puestos, porque no tienen correspondencia los
unos con los otros; el cuerpo entre dos extremos,
ni grande ni pequeño, la color viva, antes blanca
que morena, algo cargado de espaldas y no muy
ligero de pies; este digo que es el rostro del autor
de La Galatea *y de* Don Quijote de la Mancha.

Mientras el retrato y el autorretrato destacan una serie de características reales, aunque sea de manera más o menos objetiva, existe un tercer tipo de descripción de personajes caracterizado por deformar los rasgos de la persona de una manera exagerada. Se trata de la **caricatura**. La elección de esta clase de descripción suele responder a una intención ridiculizadora por parte del narrador. Un elemento indispensable en toda caricaturización es, por tanto, la ironía o el sentido del humor. De la habilidad del autor para deformar o exagerar los rasgos del personaje dependerá el acierto de la caricatura, que lógicamente tendrá siempre un componente de subjetividad del que otros tipos de descripción pueden prescindir: la imagen que le llega al lector siempre estará mediatizada por la visión del narrador.

Recurriremos nuevamente a un ejemplo clásico, el del clérigo cerbatana del *Buscón* de Quevedo:

Él era un clérigo cerbatana, largo sólo en el talle,
una cabeza pequeña, pelo bermejo, los ojos ave-
cinados en el cogote, que parecía que miraba por
cuévanos, tan hundidos y oscuros, que era buen

sitio el suyo para tiendas de mercaderes; la nariz entre Roma y Francia, porque se le había comido de unas búas de resfriado, que aun no fueron de vicio porque cuesta dinero; las barbas descoloridas de miedo de la boca vecina, que, de pura hambre, parecía que amenazaba a comérselas; los dientes, le faltaban no sé cuántos, y pienso que por holgazanes y vagabundos se los había desterrado.

49. DESCRIPCIÓN DE ESPACIOS Y AMBIENTES

El espacio en el que transcurre una historia puede ser puramente circunstancial y susceptible de ser sustituido, o por el contrario formar parte indisociable de dicha historia y ser incluso determinante en su desarrollo. En ocasiones el autor omite dar ningún tipo de información del lugar en el que se enmarca la narración, incluso prescinde del nombre, respondiendo a una intención universalizadora ya que es una manera de mantener la historia ajena a limitaciones temporales o espaciales: es indiferente dónde o cuándo tenga lugar, lo realmente importante es lo que sucede. En estos casos, obviamente, se prescinde de la descripción de dicho espacio.

Otras veces, sin embargo, el espacio escénico adquiere un destacado papel en la obra y se erige incluso en un protagonista más de la historia, con nombre y características propias. En estos casos la descripción es obligada y cuanto más detallada sea, más información pertinente recibirá el lector y de más datos dispondrá para realizar en su imaginación una composición de lugar. Pero la descripción de escenarios puede realizarse desde dos ópticas diferentes según el punto de vista del narrador:

1. **Descripción realista (objetiva)**
2. **Descripción impresionista (subjetiva)**

DESCRIPCIÓN REALISTA DEL ESPACIO

Es aquella que reproduce el lugar o espacio de una manera totalmente objetiva, como si de una fotografía se tratara. La visión
que nos ofrece el narrador coincide con la imagen real puesto que
se destacan los elementos que mejor caracterizan dicho lugar al
tiempo que se evitan las impresiones personales.

> *El año en que Onofre Bouvila llegó a Barcelona
> la ciudad estaba en plena fiebre de renovación.
> Esta ciudad está situada en el valle que dejan las
> montañas de la cadena costera al retirarse un
> poco hacia el interior, entre Malgrat y Garraf,
> que de este modo forman una especie de anfitea-
> tro. Allí el clima es templado y sin altibajos: los
> cielos suelen ser claros y luminosos; las nubes,
> pocas, y aún éstas blancas; la presión atmosféri-
> ca es estable; la lluvia, escasa, pero traicionera
> y torrencial a veces. (...)*
> *La Barceloneta era un barrio de pescadores que
> había surgido durante el siglo XVIII fuera de las
> murallas de Barcelona. Posteriormente había que-
> dado integrado en la ciudad y sometido a un pro-
> ceso acelerado de industrialización. En la Bar-
> celoneta estaban ahora los grandes astilleros.*

Eduardo Mendoza,
La ciudad de los prodigios

DESCRIPCIÓN IMPRESIONISTA DEL ESPACIO

Este otro tipo de descripción no reproduce la realidad tal y como es sino que tiende a reflejar de manera más o menos sutil la impresión que dicha realidad deja en el narrador. La descripción impresionista se centra principalmente en algunos detalles característicos que llaman la atención del autor y le provocan diferentes sensaciones. Este estilo, mucho más subjetivo que el anterior, es predominantemente nominal y con una abundante adjetivación. No pretende ofrecer una imagen real sino despertar en el lector las mismas impresiones que experimenta el narrador.

Valparaíso es secreto, sinuoso, recodero. En los cerros se derrama la pobretería como una cascada. Se sabe cuánto come, cómo viste (y también cuánto no come y cómo no viste) el infinito pueblo de los cerros. La ropa a secar embandera cada casa y la incesante proliferación de pies descalzos delata con su colmena el inextinguible amor. (...) Yo he vivido entre estos cerros aromáticos y heridos. Son cerros suculentos en que la vida golpea con infinitos extramuros, con caracolismo insondable y retorcijón de trompeta. En la espiral te espera un carrusel anaranjado, un fraile que desciende, una niña descalza sumergida en una sandía, un remolino de marineros y mujeres, una venta de la más oxidada ferretería, un circo minúsculo en cuya carpa sólo caben los bigotes del domador...

Pablo Neruda,
Confieso que he vivido

Como es lógico estos dos enfoques narrativos no son necesariamente excluyentes y son muchas las combinaciones posibles que muestran aspectos realistas pero sin renunciar por ello a una aportación personal del narrador:

> *Navidad se había convertido en un lugar anacrónico, perdido en el mundo, un lugar sin prisas, sin ambiciones. Su mayor riqueza era la pobreza, y aunque el paisaje era hermoso, no destacaba por ello, pues también lo era el resto de la región. Su historia era tan mísera que no había nada de lo que sus vecinos pudieran sentirse orgullosos. Y es que Navidad no tenía ningún hijo ilustre, ni productos de la tierra dignos de mención, ni artesanía propia. (...) Navidad ni siquiera hacía honor a su nombre: nunca había nevado y, por ello, a veces era motivo de burla, sobre todo por parte de los habitantes del pueblo vecino de Ponsa. (...) Como el reloj de la iglesia, parecía que también el tiempo se hubiese detenido en Navidad. A ello contribuían las montañas que, con sus interminables paredes de roca, aislaban el pueblo, como los padres que protegen a sus hijos y no desean que crezcan por temor a perderlos.*

Cuca Canals, *Berta, la larga*

Otro recurso que puede utilizar el narrador para describir de una manera muy particular los lugares y espacios es la personificación. A través de la personificación se atribuyen rasgos humanos a un elemento inanimado –como puede ser una ciudad, una iglesia, una escuela, etc.– que de este modo adquiere la categoría de personaje. Las descripciones que utilizan este recurso estilístico suelen incluir numerosas metáforas literarias mediante las cuales se realza la identificación entre una realidad viva y otra inanimada.

> *La heroica ciudad dormía la siesta. (...) Vetusta, la muy noble y leal ciudad, corte en lejano siglo, hacía la digestión del cocido y de la olla podrida, y descansaba oyendo entre sueños el monótono y familiar zumbido de la campana de coro, que retumbaba allá en lo alto de la esbelta torre en la Santa Basílica.*

Leopoldo Alas «Clarín», *La regenta*

DESCRIPCIÓN DE AMBIENTES

Pero la descripción del espacio propiamente dicho no suele ser suficiente para mostrar toda la complejidad que éste encierra. Tan necesario o más que reflejar el escenario es describir el ambiente que en él se desarrolla, en cuanto marco en el que tiene lugar la actividad humana y que propicia las relaciones interpersonales o entre personas y objetos. Hablar de un pueblo, una casa, un salón, etc., sin hacer referencias a la vida que bulle en su interior, suele restar fuerza a la presentación del lugar, puesto que esa vida forma parte de él al tiempo que lo caracteriza. A la hora de describir un ambiente es importante, por tanto, destacar elementos tales como la temperatura, la luz, el ruido o la ausencia de éste, los movimientos de la gente (si son rápidos o lentos), sus rostros (si reflejan alegría o indiferencia), etc. No es necesario entrar en detalles ni hacer una descripción minuciosa de los elementos presentes en el escenario, pero sí ofrecer una visión global que permita al lector captar el ambiente que se respira.

> *Incluso de día, las calles que íbamos dejando atrás, mientras nos dirigíamos a la mancebía de Madame Rosario, ofrecían aspectos tan insólitos que al punto me sentí atraído por ellos. Nunca había visto yo personajes tan extraños, razas tan mezcladas, pieles tan indecisas. Avanzábamos entre vendedores de tabaco de estraperlo, marineros de tez oscura, mujerucas orondas medio cubiertas con un mantón de flecos, que esperaban a las puertas de las casas pronunciando en voz alta los nombres de sus pupilas. Al lado de vejestorios que se tambaleaban botella en mano, tropezaban entre sí grupos de reclutas, alejados tras alguna bella que los mandaba al cuerno porque ésa, por casualidad, no era puta.*

> Terenci Moix, *El peso de la paja*

Otro ejemplo de la misma obra:

> *La visión de Italia que el franquismo me había permitido entrever era moralmente casta y socialmente contentadiza. Orondas matronas que atiborran de espaghettis las bocas gritonas de dieciocho hijos. Vecinos panzudos que salen a tomar el fresco en camiseta, mientras pasea, abanicándose, alguna rubicunda Pampanini. Cómicos que se ríen hasta del hambre, y hambre invocada bajo los rasgos consoladores de una verbena callejera...*

50. EJERCICIOS

1. Describe de una manera objetiva un cuadro conocido.

_____
_____
_____
_____
_____
_____
_____

2. Describe de manera subjetiva una fotografía familiar antigua.

_____
_____
_____
_____
_____
_____
_____

3. Señala las figuras retóricas que se utilizan en esta descripción:

> *Las cosas estaban en el salón, todas juntas, en una especie de círculo, con el aspecto de algo con lo que fuesen a hacer un fuego; había un reloj, uno de ésos tan grandes como la garita de un policía militar; cubiertos de plata; sillas y una mesa; tazas con rosas amarillas pintadas y un piano; un mueble-bar con forma de bola del mundo; una vitrina con soldados de plomo; una máquina de escribir...*

4. Intenta describir la sensación de miedo que hayas experimentado alguna vez.

_____
_____
_____
_____
_____
_____
_____
_____

5. ¿Qué rasgos destacarías de ti mismo si quisieras hacer un autorretrato?

_____
_____
_____
_____

6. Describe el ambiente de un campo de fútbol durante un partido importante, y compáralo con el que se vive en un entierro.

_____

_____

_____

_____

_____

_____

_____

_____

7. Describe tres objetos recurriendo para ello a la comparación:

_____

_____

_____

_____

_____

_____

8. Describe esos mismos objetos utilizando ahora diferentes metáforas:

_____

_____

_____

_____

_____

_____

9. ¿A qué tipo de descripción (realista o impresionista) responde el siguiente texto? Argumenta la respuesta.

> *Centro de Madrid, contaminación, ruidos, coches, alquitranes flotantes, polvo pegajoso y espeso. Allí están, sin embargo, en ese banco ridículo que se inclina sobre el asfalto, tomando un baño de sol urbano y ponzoñoso, mientras la ciudad vibra a su alrededor con el ronquido de los autobuses.*

X. EL DIÁLOGO

51. CARACTERÍSTICAS Y FUNCIONES DEL DIÁLOGO

A menudo la voz del narrador se sitúa en un segundo plano y son los propios personajes los que intervienen de una manera directa a través del diálogo. Este recurso expresivo refleja el lenguaje oral de dos o más hablantes, que actúan como emisores y receptores alternativamente intercambiando mensajes lingüísticos. En el diálogo la figura del narrador queda reducida al mínimo y los personajes intervienen sin mediadores, con un lenguaje ajeno a las restricciones que caracterizan el lenguaje narrativo. Así el autor puede reproducir de una manera mucho más «real» una conversación sostenida por varios interlocutores y plasmar el habla particular que caracteriza a cada uno de ellos. El lector descubrirá todo aquello que esos personajes piensan y sienten a través de sus propias palabras, lo que favorecerá su verosimilitud. Merece la pena insistir, sin embargo, en que para conseguir una correcta caracterización, esas intervenciones deben guardar coherencia con la información facilitada por el narrador.

Diálogo dentro de otro tipo de texto

Aunque el diálogo constituye la base de uno de los grandes géneros literarios, el teatro, se puede incorporar a cualquier texto, siempre que el autor lo considere oportuno (bien para caracterizar mejor a un personaje, bien para hacer más dinámico el texto), y combinar con otras formas discursivas como la descripción o la narración:

> *Entró en la habitación y le miró como si fuese Gregorio Samsa recién convertido en un escarabajo. No creo que lo pensara justo de esa forma, pero si lo hizo dio en el clavo, porque así es exactamente como Israel se sentía: estaba desnudo, tenía miedo y vergüenza. Le arrancó el esparadrapo de la boca.*
> *—Entró un hombre... —comenzó a decir.*
> *—¿Un hombre?*
> *— Su...suéltame. Por favor...*
> *—¿Qué clase de hombre? ¿Por qué estás desnudo?*
> *—Llevaba un cuchillo...*
>
> Benjamín Prado,
> *Nunca le des la mano a un pistolero zurdo*

Aunque la función principal del diálogo es mostrar aquello que dicen los personajes, puede ir acompañado de elementos narrativos que informan sobre:

♦ Quién emite el mensaje (el emisor),
♦ A quién se dirige el mensaje (el receptor),
♦ Cómo se emite el mensaje (manera de hablar).

Con frecuencia estas aclaraciones son innecesarias por estar implícita la información en las palabras de los personajes, pero en ocasiones ayudan a evitar las ambigüedades que se puedan producir. En el siguiente ejemplo vemos cómo una misma frase puede tener diversos significados incluso en un mismo contexto:

> Ejemplo: *Una pareja a punto de separarse físicamente por causas mayores habla sobre su relación. A la pregunta del hombre «¿Crees que llegaremos a entendernos algún día?», la mujer responde:*
> – *Ahora ya no tenemos mucho tiempo –respondió Elena distraídamente.*
> – *¡Ahora ya no tenemos mucho tiempo! –respondió Elena con brusquedad.*
> – *Ahora ya no tenemos mucho tiempo –las palabras de Elena reflejaban su tristeza al pensar en su inminente partida.*

Como vemos se trata de la misma frase pero utilizada de muy diferente manera en uno y otro caso. La explicación del narrador es aquí necesaria para poder entender las distintas reacciones que provoca la misma pregunta. Otras veces la aclaración viene dada por la misma conversación y en estos casos es preferible evitar repetir una información.

CARACTERÍSTICAS LINGÜÍSTICAS DEL DIÁLOGO

♦ Utilización de pronombres personales (*yo, tú, él, ellos*...).
♦ Utilización de demostrativos (*este, ese, aquel*...).
♦ Utilización de adverbios (*aquí, ahora, después*...).

- Predominio de frases interrogativas, exclamativas y exhortativas (que intentan provocar una reacción en el interlocutor).
- Uso de vocativos (para llamar la atención del interlocutor).
- Uso de bordones (*¿sabes?*, *esto...*, *¿no?...*).

52. CUALIDADES DE UN BUEN DIÁLOGO

Los requisitos que debe cumplir cualquier diálogo para caracterizar correctamente a los personajes y dar una mayor viveza al texto son básicamente dos:

1. **Naturalidad**
2. **Concisión**

NATURALIDAD

A través del diálogo los personajes deben presentarse de una manera natural y espontánea, tal y como son en realidad, para ofrecer al lector una imagen definida y propia. Para conseguir esa caracterización es importante que el lenguaje de los personajes refleje tanto su nivel sociocultural (si son cultos y refinados o si por el contrario pertenecen a un nivel bajo) como su manera de ser (su carácter, su sentido del humor, sus inquietudes, etc.).

Reflejar el nivel sociocultural

No podrá hablar de la misma manera un profesor de universidad o un político, que serían ejemplos de personajes cultos, que un delincuente de los barrios bajos, con un nivel sociocultural completamente distinto. Sus expresiones, vocabulario, sintaxis, etc., variarán en función de su posición social, de su cultura y de la educación recibida, y los diálogos, como medio individualizado de expresión, deberán reflejar esas diferencias.

Veamos varios fragmentos que ejemplifican muy bien el habla de diferentes personajes de una y otra condición. En el primer texto, en el que el lenguaje de uno de los interlocutores correspondería a un nivel sociocultural bajo, se pueden observar algunos errores gramaticales que caracterizan el habla de ese nivel y cuya transcripción favorece la construcción mental de ese personaje:

> –¿Por qué a los señoritos?
> –Eso son fantesías de señoritos, que no tienen na
> que hacer ni han limpiao una cuadra en su vida,
> ni han visto una plasta de buey.
> –Pero no lo han dicho los señoritos. Fue el padre
> Pelagio, el de los teatinos.
> –Para mí que la Iglesia y los señoritos da lo mismo,
> señora.
> La señora no quiso discutir y se marchó. Pero Pau-
> lino el barrendero le siguió dando a la cuerda:
> –¿Y no sería mejor desnudarnos tos y así se aca-
> baban las diferiencias?

José Luis Sampedro, *El caballo desnudo*

Este otro fragmento, por el contrario, correspondería a unos interlocutores cultos, cuyo cuidado y selecto lenguaje deja entrever su nivel sociocultural, al margen de la ironía o la crítica del autor que esta retórica pueda encubrir.

Mas su fuerte está en la pedagogía sociológica:

–Será la flor de nuestro siglo –dice de sobremesa, mientras casca unas nueces, a Sinforiano, su admirador–; nadie sabe lo que con ella podrá hacerse...

–Hay quien cree que llegará a hacerse hombres en retorta, por síntesis químico-orgánica –se atreve a insinuar Sinforiano, que está matriculado en ciencias naturales.

–No digo que no, porque el hombre, que ha hecho los dioses a su imagen y semejanza, es capaz de todo; pero lo indudable es que llegará a hacerse genios mediante la pedagogía sociológica, y el día en que todos los hombres sean genios... –engúllese una nuez.

–Pero ¡qué teorías, don Avito! –prorrumpe sin poder contenerse el matriculado en ciencias naturales.

Miguel de Unamuno, *Amor y pedagogía*

Reflejar el carácter de los personajes

Además de corresponder al nivel social y cultural de los personajes, el diálogo también tiene que ser coherente con su personalidad. A través de las palabras expresamos nuestra forma de ser y de sentir, y el autor debe ser capaz de marcar las diferencias entre el habla de un «pasota», el de un hombre amargado o el de una mujer enamorada, por ejemplo.

Los ejemplos siguientes, extraídos de la obra de Camilo José Cela, *La colmena*, en la que numerosos y variados personajes componen un detallado retrato de la sociedad de la época, ilustran perfectamente la íntima relación entre el carácter y el diálogo.

Los personajes de este fragmento se le revelan al lector como una pareja sentimental y cursi, que utilizan una manera de hablar propia de los enamorados:

> *Macario y su novia, muy cogiditos de la mano,*
> *están sentados en un banco, en el cuchitril de la*
> *señora Fructuosa, tía de Matildita y portera en la*
> *calle de Fernando IV.*
> *–Hasta siempre...*
> *Matildita y Macario hablan en un susurro.*
> *–Adiós, pajarito mío, me voy a trabajar.*
> *–Adiós, amor, hasta mañana. Yo estaré todo el*
> *tiempo pensando en ti.*

En este segundo ejemplo aparece doña Rosa, una mujer de fuerte carácter, con una gran autoestima y difícil de tratar, que no duda en reprender vehementemente a un empleado:

> *Doña Rosa se mete en la cocina.*
> *–¿Cuántas onzas echaste, Gabriel?*
> *–Dos, señorita.*
> *–¿Lo ves? ¿Lo ves? ¡Así no hay quien pueda! ¡Y*
> *después, que si bases de trabajo, y que si la Vir-*
> *gen! ¿No te dije bien claro que no echases más*
> *que onza y media? Con vosotros no vale hablar*
> *en español, no os da la gana de entender.*
> *Doña Rosa respira y vuelve a la carga.*

El diálogo de este tercer fragmento refleja de una manera muy viva el carácter obsesivo y desquiciado de uno de los interlocutores, cuya insistencia enfermiza se refleja en las constantes repeticiones:

Estaba enfermo y sin un real, pero se suicidó porque olía a cebolla.

–Huele a cebolla que apesta, huele un horror a cebolla.

–Cállate, hombre, yo no huelo nada, ¿quieres que abra la ventana?

–No, me es igual. El olor no se iría, son las paredes las que huelen a cebolla, las manos me huelen a cebolla.

La mujer era la imagen de la paciencia.

–¿Quieres lavarte las manos?

–No, no quiero, el corazón también me huele a cebolla.

–Tranquilízate.

–No puedo, huele a cebolla.

–Anda, procura dormir un poco.

–No podría, todo me huele a cebolla.

–¿Quieres un vaso de leche?

–No quiero un vaso de leche. Quisiera morirme, nada más que morirme, morirme muy deprisa, cada vez huele más a cebolla.

Reflejar las características gramaticales del lenguaje oral

Hemos dicho que el diálogo reproduce de manera literal una conversación entre dos o más personas. Esto significa que para hacerlo creíble el texto escrito deberá semejarse a la lengua oral y reflejar la imprecisión que la caracteriza: frases inacabadas, repetición de palabras, interrupciones por otro interlocutor, muletillas, etc.

CONCISIÓN

La concisión en los diálogos es un requisito básico para lograr la pretendida dinamización del relato. No hay que olvidar que el diálogo es un intercambio de información entre dos o más interlocutores y que cuanto más fluido sea, más dinamismo aportará al texto. Unas intervenciones excesivamente largas, además de ser poco creíbles, pueden llegar a aburrir al lector. Por el contrario un diálogo ágil, en el que emisor y receptor intercambien constantemente sus papeles y que refleje un tipo de conversación convencional, resultará mucho más atractivo.

53. CONSTRUCCIÓN DEL DIÁLOGO: ESTILO DIRECTO E INDIRECTO

Existen dos procedimientos básicos para presentar las palabras de los personajes: el estilo directo y el estilo indirecto. A través de ambos estilos el narrador reproduce las palabras de los protagonistas, pero entre uno y otro existen considerables diferencias. Veámoslas.

ESTILO DIRECTO

Mediante el estilo directo el narrador reproduce de forma literal las palabras de los personajes por boca de éstos. Formalmente las intervenciones suelen estar marcadas por guiones de diálogo:

> –*¿Cómo te enteraste?*
> –*Los periódicos. Leo la prensa, ¿sabes?*
> –*Te mentí por tu bien. Ahora ya lo sabes: Godo sufrió. Creo que deberías ponerte algo.*
> –*Yo también –convino (...)*

> Martín Casariego, *Mi precio es ninguno*

La narrativa más moderna, sin embargo, opta por otras formas menos convencionales que, aun prescindiendo de los tradicionales guiones, transcriben las palabras exactas que pronuncian los personajes:

> Pura entonces eligió a Melero como payaso de las bofetadas y buscó un poco de lucimiento a su costa; le dijo ¿sí?, ¿así que la mili está bien? ¿Y cómo ves tú esa película? Y subrayó ese «cómo lo ves», para volver sobre el chiste.

Andrés Trapiello, *La malandanza*

ESTILO INDIRECTO

Mediante el estilo indirecto, el narrador reproduce con sus palabras lo que los personajes han dicho. Esto exige por un lado la presencia de verbos introductores (*dijo*, *preguntó*, etc.) seguidos de una conjunción subordinante (normalmente *que* o *si*), y por otro la transformación de los tiempos verbales y en ocasiones los pronombres y los adverbios.

> Cuando ya la cena estaba terminando y esperaban al camarero para pedirle el postre, Alicia, simulando desenfado y serenidad, ocultando su perturbación, dijo que, como ella no tenía ya más apetito, iría a dar un breve paseo a orillas del mar ahora que el viento se había calmado por completo. Añadió que enseguida estaría de vuelta.

Adelaida García Morales,
Mujeres solas

222

DIFERENCIAS ENTRE EL ESTILO DIRECTO Y EL INDIRECTO

Estilo directo

- Intervienen directamente los personajes.
- Reproduce las palabras exactas de los personajes.
- Se mantienen los tiempos verbales que utilizan los personajes.
- No hay nexos lingüísticos entre las palabras del narrador y las de los personajes.
- La aparición de verbos introductores (*dijo, preguntó*) no siempre es necesaria.

Estilo indirecto

- No intervienen directamente los personajes.
- El narrador cuenta con sus palabras lo que los personajes dicen.
- Se transforman la mayoría de los tiempos y formas verbales.
- Siempre hay nexos lingüísticos entre las palabras del narrador y las de los personajes.
- Exige la presencia de verbos introductores (*dijo que...*).

A pesar de las diferencias existentes entre los dos procedimientos, a menudo la narrativa más actual se sirve de ambos para plasmar escenas dialogadas. El siguiente ejemplo es una muestra de esta combinación formal:

> *Amed, los vio y se puso contento de ver a dos viejos amigos. Ven le dijeron, bebe algo con nosotros. Amed dijo que había dejado de beber, porque tenía un trabajo que se lo impedía, y levantó*

223

de nuevo la cartera, al fin tenía un trabajo de ver-
dad, en el que volvía a ganar dinero, incluso
mucho dinero. Preguntaron, ¿qué trabajo? Vendo
libros, respondió Amed, vendo biblias de lujo,
unas biblias de guaflex blanco (...)

Andrés Trapiello, *La malandanza*

TRANSFORMACIÓN DE ESTILO DIRECTO A ESTILO INDIRECTO

Todos los diálogos presentados con un estilo directo pueden convertirse en estilo indirecto si se realizan las transformaciones pertinentes, que incluirán:

- ♦ Utilización de frases subordinadas, mediante los verbos introductores y las conjunciones.
- ♦ Transformación de los tiempos y formas verbales.
- ♦ Transformación de los pronombres.

Estilo directo:

> *Rosa dijo:*
> *–Un día de estos iré al cine con mis amigos.*

Estilo indirecto:

> *Rosa **dijo** que un día de estos **iría** al cine con **sus** amigos.*

TRANSFORMACIONES VERBALES DE ESTILO DIRECTO A INDIRECTO

Uno de los aspectos más complicados a la hora de convertir diálogos de uno a otro estilo es la transformación que deben sufrir los tiempos verbales. A continuación damos una relación de los tiempos más utilizados en estilo directo y su correspondencia en el indirecto:

Presente de indicativo ⟶ Imperfecto de indicativo

 Llego tarde ⟶ Dijo que llegaba tarde

 Voy a la escuela ⟶ Dijo que iba a la escuela

Futuro de indicativo ⟶ Condicional simple

 Iré a Madrid ⟶ Dijo que iría a Madrid

 Pronto compraremos ⟶ Dijeron que pronto

 una casa   comprarían una casa

Imperfecto de indicativo ⟶ Imperfecto de indicativo

 Siempre salía con él ⟶ Dijo que siempre salía con él

 Estaba muy cansada ⟶ Dijo que estaba muy cansada

Perfecto de indicativo ⟶ Pluscuamperfecto de indicativo

 He estado en el bar ⟶ Dijo que había estado en el bar

 Te hemos llamado ⟶ Dijeron que le habían llamado

Indefinido ⟶ Pluscuamperfecto de indicativo / Indefinido

 Lo compré el año pasado ⟶ Dijo que lo había

           comprado el año pasado

 La vi en la calle ⟶ Dijo que la vio en la calle

Imperativo	$\longrightarrow$	Imperfecto de subjuntivo

¡Cállate! $\longrightarrow$ Ordenó que se callara

¡Marchaos $\longrightarrow$ Ordenó que se marcharan
inmediatamente!   inmediatamente

Presente de subjuntivo	$\longrightarrow$	Imperfecto de subjuntivo

¡No comas caramelos! $\longrightarrow$ Le prohibió que comiera
                              caramelos

Ojalá venga $\longrightarrow$ Dijo que ojalá viniera

VERBOS INTRODUCTORES O DICENDI

En el estilo directo la utilización de los verbos introductores o *dicendi* (*dijo, respondió, contesté*...) puede ser necesaria para evitar la confusión cuando hay más de un interlocutor. En ese caso conviene señalar quién es el personaje que habla:

> –*¡Qué vergüenza –dijo su hermana–, qué mane-*
> *ra de engañarse, qué tristeza, qué degradación!*
> –*Ja, ja –dijo el marido de su hermana. Estaba*
> *tumbado en una cama, viendo la película de*
> *Danny Kaye.*
> –*Ja, ja –dijo la mujer que había a su lado.*

Pero cuando los turnos de intervención estén muy definidos es preferible reducir al mínimo este tipo de verbos para no perder la fluidez del diálogo:

> *Una noche, Elvira llamó por teléfono.*
> –*Me gustaría hablar contigo –dijo–. Creo que es*
> *urgente.*

–*¿Por qué?*
–*Digamos que tengo una historia que contar.*
–*Bueno, todo el mundo tiene una. ¿Por qué no le*
cuentas la tuya a Lennon?

Benjamín Prado, *Raro*

Esta posibilidad no existe en el caso del estilo indirecto ya que cuando es el narrador o un personaje quien introduce las palabras del otro es obligado el uso de este tipo de verbos.

*No **dijo** si le parecía bien o le parecía mal. Ni siquiera se encogió de hombros. Lo único que hizo fue soltar un resoplido mientras le daba la vuelta a una carta que seguramente no era la que estaba esperando. Le **pregunté** si quería que le hiciese alguna cosa para cenar y **respondió** que no, que se había comido todo el estofado que quedaba del mediodía y que lo único que le apetecía en aquellos momentos era acabar el solitario y tomarse un carajillo.*

*Al oír aquello me quedé de una sola pieza. Le **pregunté** si lo que decía era verdad, es decir, si era cierto que se había comido todo el estofado y **contestó** que sí, aunque sin mirarme a los ojos.*

Javier Tomeo,
El crimen del cine Oriente

54. DIÁLOGO TEATRAL

Aunque sea un recurso muy utilizado en narrativa, en las obras teatrales es donde el diálogo adquiere un protagonismo indiscutible. En ellas el narrador desaparece y son los propios personajes los que se encargan de presentar el argumento a través de sus acciones y, principalmente, de sus palabras. Las acotaciones y apartes (descripción de decorados y actitudes o acciones de los personajes) no están dirigidos al lector o al espectador sino a los responsables de la puesta en escena de la obra y a los actores de la representación, por lo que no se puede considerar una intervención del narrador.

En los diálogos teatrales cada intervención va precedida del nombre del interlocutor, incluso cuando no exista posibilidad de confusión, y las acotaciones y apartes entre paréntesis. Pero no hay que olvidar que la finalidad de la obra teatral es ser representada y en última instancia ambos elementos (nombres de personajes y acotaciones) desaparecen.

> *JUAN.–Despertar no es acordarse, sino olvidar el sueño. Y en nuestra niñez, al no saber que se muere, fuimos inmortales.*

ELVIRA.–Y lo seremos. Porque te quiero. Y déjate querer.

JUAN.–Es mi oficio, dejarme querer... Pero le temo al fruto, le huyo.

ELVIRA.–¡Caprichos de chiquillo consentido y mimado!

JUAN.–Entonces no sabíamos de la muerte... Mis hijos serían hijos de muerte...

ELVIRA.–¿Eso?

JUAN.– Es mi secreto. (Se levanta y se pasea.) *¡No, no, no!* (Se cruza de brazos.)

ELVIRA.–¿Te cruzas de brazos? Te abroquelas en ellos para decirme: «¡no, no, no!» Pues yo... (Abriendo los brazos y yéndose a él.) *¡sí, sí, sí!..., ¡apechúgame!* (Se abrazan.)

Miguel de Unamuno, *El hermano Juan*

55. EJERCICIOS

1. ¿Qué cualidades debe tener un buen diálogo?

_____
_____
_____
_____
_____
_____

2. ¿Por qué se introduce el diálogo en una narración?

_____
_____
_____
_____
_____
_____
_____

3. Transforma este diálogo de estilo directo en otro de estilo indirecto:

Lola se echó a llorar amargamente. Con un hilo
de voz me confesó:
–Voy a tener un hijo.
–¿Otro hijo?
–Sí.
Yo me quedé como asustado.
–¿De quién?
–¡No preguntes!
–¿Que no pregunte? ¡Yo quiero preguntar! ¡Soy
tu marido!

_____

_____

_____

_____

_____

_____

_____

_____

_____

_____

4. Transforma este diálogo de estilo indirecto en otro de estilo directo:

Un par de vecinos me ayudaron a subirle al piso.
Le tendimos en la cama y apenas nos quedamos
solos tuvo la desfachatez de decirme que si no

llego a meterme en medio le hubiese puesto a Gustavo una cara nueva. Le pregunté si estaba mejor y dijo que sí y que no pensaba que tuviese ningún hueso roto. Le desinfecté la nariz con un poco de yodo y le dije que me sentía orgullosa de lo que había hecho.

_____
_____
_____
_____
_____
_____
_____
_____
_____
_____

5. Señala cinco palabras propias del lenguaje culto y otras cinco que pertenezcan a un tipo de lenguaje más vulgar.

_____
_____
_____
_____
_____
_____
_____
_____
_____

6. Escribe un diálogo entre dos adolescentes y luego el mismo diálogo entre dos ejecutivos. ¿En qué se diferencian?

_____
_____
_____
_____
_____
_____
_____
_____
_____
_____
_____
_____
_____
_____
_____
_____
_____
_____
_____
_____
_____

7. ¿En qué se diferencia el diálogo narrativo del diálogo teatral?

_____
_____
_____
_____
_____

8. Completa el siguiente diálogo:

–*Tengo que decirte algo importante.*

– _____

–*Sí, ahora.*

– _____

–*Me marcho de esta casa.*

– _____

–*Lo que oyes.*

– _____

– *No, no te preocupes que no voy a pedirte dinero.*

– _____

–*Todavía no lo he decidido, estoy un poco confundida.*

– _____

– *No, gracias, no necesito esa clase de ayuda.*

XI. LA EXPOSICIÓN
Y LA ARGUMENTACIÓN

56. INTERRELACIONES ENTRE TEXTO EXPOSITIVO Y ARGUMENTATIVO

TEXTO EXPOSITIVO

Aunque la identificación total entre el texto expositivo y el argumentativo no es del todo correcta, sí es cierto que ambos sistemas de redacción están estrechamente interrelacionados. La exposición es la presentación o explicación objetiva de un tema cualquiera con el fin de darlo a conocer a otras personas. La objetividad del autor es, por consiguiente, imprescindible en este tipo de textos cuya única finalidad es la de dar una información que puede ser útil o interesante. El texto expositivo es el que se utiliza principalmente en obras de carácter didáctico o divulgativo.

La exposición puede ser oral (una lección) o escrita (un texto de enciclopedia), pero siempre requiere la utilización de un léxico culto, que sin embargo no tiene por qué identificarse con un lenguaje difícil o excesivamente técnico.

Veamos un ejemplo de texto expositivo:

> *La percepción es un proceso mental mediante el cual obtenemos datos del exterior y los organizamos de un modo significativo en nuestro interior, para tomar conciencia del mundo que nos rodea.*
>
> *La forma de conectarnos con nuestro entorno es a través de los órganos de los sentidos. La luz, las imágenes, los sonidos, los olores, los sabores y los contactos corporales, no son más que estímulos aislados, que se recogen por los órganos correspondientes, especializados para este fin.*

J.A. Vallejo-Nágera,
Guía práctica de psicología

Sin embargo en la práctica, al margen de textos científicos o técnicos, la exposición pura no es muy corriente: ni siquiera los informativos de los medios de comunicación (prensa, radio, televisión) que intentan transmitir las noticias de manera imparcial escapan a la influencia de ciertas tendencias o ideologías que, en ocasiones de una manera inconsciente, impregnan la información. Por ello la exposición suele estar relacionada con la argumentación.

TEXTO ARGUMENTATIVO

La argumentación consiste en presentar una idea o un punto de vista con razones y argumentos que apoyen y defiendan esa opinión, e incluso que rebatan ideas o posturas contrarias. Mediante la argumentación el autor intenta convencer a los demás de que su planteamiento es el correcto y a menudo recurre a la opinión de autoridades reconocidas en la materia para confirmar y avalar su razonamiento (*argumento de autoridad*). Pero además de argumentar su opinión de una manera coherente, y a ser posible irrefutable, el autor debe prever las posibles réplicas y tener respuestas adecuadas para ellas. Lógicamente el dominio del tema así como del lenguaje facilitará una buena defensa.

La argumentación responde, por tanto, a un proceso más creativo y personal en el que la subjetividad del autor es inevitable.

La complementariedad entre ambos sistemas de expresión hace que normalmente se hable del texto expositivo-argumentativo.

> *Sé que intentar convencer a un fanático es una tarea completamente inútil y que no hay debate más estéril ni diálogo de sordos más ensordecedor que los que sostienen periódicamnte partidarios y detractores de las corridas de toros. Lo mejor en estos casos es callarse y seguir cultivando las propias aficiones, pero como quiera que los enemigos de la Fiesta no se contentan con abstenerse de participar, sino que se han propuesto aguárnosla a los demás y redimirnos de nuestro supuesto salvajismo, invocando razones de carácter humanitario en su defensa encendida de los derechos de la Bestia, creo llegado el momento de hacer una excepción y ofrecer a esos supuestos humanistas algunos elementos de juicio para ver si se dignan tomarlos en consideración, no fuera a suceder que hablaran de hombres y animales sin conocimiento de causa. (...) En las plazas de toros españolas y francesas se mata a la luz del sol y respetando la singularidad de cada toro, no de una forma seriada y semiclandestina, como en los mataderos. Esto es algo que debe-*

rían tener muy presente los detractores de la
Fiesta. Esto, y el hecho incuestionable de que casi
todos los seres humanos son carnívoros.

La suerte de algunos centenares de toros bra-
vos –animal extraordinario que, de no ser por las
corridas, se habría extinguido hace ya tiempo–,
sirve de cortina de humo para encubrir las sevi-
cias a las que son sometidos diariamente 10.000
millones de cabezas de ganado y 6.000 millones
de aves de corral en todo el mundo.

Quizá, como señala Lovelock en Las edades
de Gaia (libro del que he sacado estos datos), lle-
gue pronto el día en que por una cuestión de su-
pervivencia (...) el hombre se vuelva vegetariano
y firme con el animal un pacto de no agresión que
les permita vivir juntos sin molestarse demasiado.(...) Entonces, sólo entonces, podremos pensar
seriamente en suprimir la Fiesta de los toros y
otras celebraciones semejantes (...)

Carlos Trias
Ajoblanco, n.º 98

57. CUALIDADES FUNDAMENTALES

A pesar de que el texto expositivo posee un carácter marcadamente didáctico y en el texto argumentativo adquiere relevancia la intencionalidad del autor, ambos sistemas de redacción deben atenerse a unas normas básicas que facilitan la organización y presentación del tema elegido. Veamos algunas de las cualidades fundamentales de este tipo de textos:

ORDEN

Presentar la información de manera ordenada, independientemente del criterio escogido, facilitará la comprensión del argumento al lector u oyente. Es importante tener claro desde el principio cuál es el orden más adecuado que se debe seguir y desarrollar las ideas según esa disposición. Se puede optar por ejemplo por presentar en primer lugar la idea principal y completarla con ideas secundarias relacionadas con el tema; por seguir un orden cronológico para explicar los cambios de perspectiva histórica; por presentar primero los argumentos a favor y luego los argumentos en contra, etc.

CLARIDAD Y SENCILLEZ EN EL LENGUAJE

Los textos expositivos y argumentativos suelen utilizarse para presentar trabajos científicos, técnicos o didácticos. Esto significa que a menudo los temas pueden presentar cierto grado de dificultad que no conviene aumentar con un lenguaje demasiado culto o ininteligible. La sencillez y claridad en el lenguaje (tanto oral como escrito) garantizará una mayor comprensión del tema, que en definitiva es lo que se pretende. La claridad expresiva se consigue además mediante otros recursos, como por ejemplo:

- ◆ Intercalando ejemplos aclaratorios.
- ◆ Adjuntando material gráfico: vídeos, fotografías, mapas, gráficos, etc.
- ◆ Utilizando paráfrasis, es decir, presentando la misma idea con diferentes palabras.

SER CONVINCENTE

Para defender o argumentar su opinión o punto de vista, el autor debe servirse de toda la información, citas, documentos, etc., que puedan serle útiles para reforzar su postura. Una exposición o argumentación que carezca de datos que la corroboren, sin duda, perderá valor. La investigación previa a la exposición es fundamental para conseguir una buena documentación.

RIGOR EN LA INFORMACIÓN

Como ya hemos apuntado, este tipo de textos debe aportar la mayor documentación e información posible, que avale la idea o punto de vista presentado por el autor. Lógicamente toda esta documentación añadida, además de completa y moderna, debe caracterizarse por un rigor y una veracidad absolutos. La falta de rigor en la información puede hacer que los argumentos sean fácilmente refutados y que el texto pierda toda credibilidad.

OBJETIVIDAD

A pesar de que la argumentación posee un componente claramente subjetivo puesto que consiste en defender una idea o postura particular, es importante conservar la mayor objetividad posible en la presentación del tema. Aunque el autor refleje su opinión, cierta dosis de objetividad le permitirá argumentar esa opinión con mayor propiedad y seriedad.

58. LA IMPORTANCIA DE LA TESIS

Ya hemos dicho que en la argumentación el autor trata de convencer al interlocutor de una idea. Esa idea o afirmación alrededor de la cual se desarrolla toda la argumentación es la tesis. Y es importante que el autor la defina bien desde un principio para poder dirigir toda la exposición hacia un tema concreto y evitar divagaciones que no harían más que confundir. La manera de argumentar una tesis puede responder a dos tipos de métodos:

1. **Método deductivo**
2. **Método inductivo**

Aunque es más habitual presentar la tesis al principio de la argumentación y a continuación desarrollarla (método deductivo), también es posible que la tesis se descubra al final como conclusión lógica de un proceso (método inductivo). Pero sea cual sea el método elegido, hay que tener claro desde un principio el tema que desarrollar y, una vez redactada la tesis, elaborar un plan o un esquema según el cual se organice la argumentación. De una buena argumentación, capaz de convencer al destinatario, dependerá el éxito final del trabajo. De ahí su importancia.

A la hora de elegir los argumentos que apoyen nuestra tesis debemos tener en cuenta varios aspectos:

- Los argumentos deben estar directamente relacionados con la tesis. Es conveniente que el lector u oyente tenga muy claro el tema central. Presentar razonamientos poco relacionados con la idea principal puede llegar a confundir en vez de aclarar conceptos.

- La argumentación debe estar compuesta por un número suficiente de razones. Cuanta mayor documentación aportemos, más sólido será nuestro trabajo. Aunque no se puede determinar el número idóneo de argumentos, ya que variará en función de la tesis, se recomienda presentar un mínimo de tres razones a favor.

- Cada razón debe ser diferente de las otras. Un mismo argumento presentado con distintas palabras o desde otra perspectiva no deja de ser el mismo. Los tres argumentos, para ser válidos como tales, tienen que ser diferentes.

- Se pueden aducir, asimismo, razones para refutar las opiniones o puntos de vista contrarios. Pero hay que evitar el abuso de este tipo de argumentos ya que se trata de defender una opinión, no de convencer de que las demás no son válidas. El hecho de desacreditar una idea ajena no presupone la aceptación de la propia tesis.

Tesis: El ejército debería estar formado exclusivamente por voluntarios.
Argumento 1: Se conseguiría crear un ejército mucho más profesional.
Argumento 2: Se evitaría una pérdida de tiempo inútil en la mayoría de los casos.
Argumento 3: Las mujeres podrían tener acceso al ejército.

He aquí un ejemplo en el que la tesis sería: *La práctica del nudismo es conveniente para un perfecto equilibrio físico y moral.*

El estado natural del hombre es la desnudez. Nuestros antepasados, los Homo erectus *de hace un millón de años, caminaban como vinieron al mundo. Incluso hoy día, siguen existiendo tribus indígenas de Brasil y de algunas zonas de África que no cubren su cuerpo con ninguna prenda. (...) Pero si estar desnudo parece algo tan natural en nuestra especie, ¿por qué la mayoría de nosotros sentimos vergüenza de que nos vean sin ropa? (...) Para Miguel Cancio, catedrático de Sociología por la Universidad de París, la vergüenza es una invención social, «se siente más o menos vergüenza en función de la percepción personal de cada uno, que a su vez depende de los criterios que imponen esa percepción», asegura.*

Los psicólogos –sobre todo anglosajones y nórdicos– han estudiado durante años las principales causas que motivan la sensación de vergüenza ante la desnudez:

No nos aceptamos tal y como somos porque hemos asimilado unos cánones de belleza impuestos por el mundo de la publicidad y la moda. «Si se enseñase que ser gordo es tan bonito como ser delgado, las personas entradas en carnes no sentirían vergüenza de su cuerpo», asegura el antropólogo José Dueso, convencido de que en nuestros días hay una corriente de querer aparentar lo que no somos.

«Todos tendemos a proteger la intimidad», afirma Modesto Santos, catedrático de Ética y Sociología de la Universidad de Navarra. *«El pudor no es un rechazo hacia el cuerpo, sino una forma de salvaguardar su dignidad, para que no sea objeto de uso y dominio público.»*

Existen diversas religiones que valoran la desnudez como algo pecaminoso. En la tradición judeocristiana, el desnudo está vetado. (...) También del maniqueísmo –una corriente religiosa que surgió en el siglo III de nuestra era–, han tomado elementos varias religiones como el islamismo, el protestantismo o el judaísmo, que se basan en la dualidad entre cuerpo y alma: lo importante es el espíritu, y el cuerpo es sólo su envase. Basándose en esto, lo corporal es algo negativo y por eso hay que taparlo.

Estas razones, en ciertos casos, se ven reforzadas por las explicaciones que han aventurado algunos psicólogos estadounidenses acerca de la función de la ropa. Además de para protegerse de las condiciones climáticas adversas, Bernard Rudofsky dice que el vestido se emplea para distinguir el sexo masculino del femenino y estimular el instinto sexual.

Lawrence Langner, autor del libro La importancia de llevar ropa, *dice que es un signo de la superioridad del hombre sobre el resto del reino animal.*

Ana Jiménez
Quo, n.º 23

59. ESQUEMA BÁSICO DE COMPOSICIÓN

Una vez definida la tesis o tema central de la exposición es necesario establecer las diferentes etapas en las que debe organizarse el trabajo de composición. Estas etapas básicamente son tres y deben presentar el siguiente orden:

1. **Documentación o investigación**
2. **Disposición u organización**
3. **Elocución o redacción**

DOCUMENTACIÓN O INVESTIGACIÓN

Cualquier trabajo de exposición o argumentación requiere un rigor y una seriedad que avalen los argumentos. Una intensa investigación previa al trabajo de redacción final facilitará al autor la documentación necesaria para poder reforzar su tesis: libros, publicaciones, documentales, y en definitiva toda fuente de información que tenga relación con el tema en cuestión. Este trabajo de documentación puede requerir muchas horas de investigación y búsqueda de datos; no obstante merece la pena insistir en la importancia del soporte documental para la posterior composición.

Es conveniente saber seleccionar la información adecuada, y para ello hay que tener en cuenta los siguientes requisitos:

♦ Que esté estrechamente relacionada con el tema de la exposición; es decir, que se ajuste lo más estrictamente posible a la tesis. Ofrecer demasiados datos que no guarden una relación directa con el tema puede desviar la atención del oyente o del lector hacia aspectos poco relevantes para la argumentación. No se trata de cantidad sino de calidad.

♦ Que sea lo más completa posible; esto se consigue accediendo a más de una fuente de información. El mismo tema tratado desde diferentes perspectivas puede aportarnos una visión mucho más amplia que sin duda beneficiará aspectos importantes de la exposición como la objetividad.

♦ Que sea fidedigna. Si queremos apoyar nuestra argumentación con datos y documentos, éstos tienen que demostrar tener gran precisión y exactitud, cualidades imprescindibles para poder defender con solvencia nuestra tesis.

♦ Que esté actualizada. Cuanto más reciente sea la documentación utilizada, más actualizada será nuestra exposición. Cuando un mismo tema haya sido tratado por diferentes autores a lo largo de la historia, será preferible escoger los más modernos puesto que su trabajo incluirá tanto las tendencias anteriores como los últimos avances.

En esta primera etapa, lógicamente, trabajaremos con mucha más información de la que utilizaremos en las etapas posteriores, cuando ya hayamos realizado la pertinente selección. Es interesante tener esto en cuenta a la hora de elegir el método de trabajo más adecuado. Si hasta hace poco tiempo se recomendaban las tradicionales fichas de cartulina, en la actualidad éstas están siendo sustituidas por ficheros informatizados que, entre otras ventajas, permiten el acceso a unas mayores redes de información. Pero sea cual sea la metodología utilizada, lo importante es poder recoger el mayor número de datos de la manera más exhaustiva posible.

DISPOSICIÓN U ORGANIZACIÓN

Una vez recogida y seleccionada la mayor información posible es necesario organizarla y ordenarla convenientemente. Para llevar a cabo esta segunda etapa con éxito es imprescindible definir con exactitud la tesis central del trabajo. Si no está clara la idea principal no podremos organizar de manera adecuada los datos recogidos en la etapa previa. Ya hemos visto anteriormente que conviene presentar por lo menos tres argumentos que respalden la tesis. Según la información que hayamos recopilado, el orden de presentación de estos argumentos o ideas variará, en función del criterio elegido: según la cronología, las relaciones de causa y efecto, la importancia en relación al tema, etc.

ELOCUCIÓN O REDACCIÓN

La elocución es la presentación final del trabajo. Independientemente de la forma que adopte (oral u escrita), esta fase deberá caracterizarse por una cuidada expresión lingüística, que facilitará la correcta transmisión de la información. Esta etapa, a su vez, se divide en tres apartados:

1. **Planteamiento o introducción**
2. **Desarrollo o cuerpo**
3. **Conclusión final**

Planteamiento o introducción

En él se define el tema que se va a desarrollar, es decir, la tesis, de la manera más clara y concisa posible. Es importante señalar que una introducción atractiva garantiza la atención del lector u oyente por lo que se recomienda prestar especial atención a esta fase de presentación inicial.

CONSEJOS PARA UNA PRESENTACIÓN ATRACTIVA

♦ Empezar con una afirmación rotunda o sorprendente (*La mujer es ahora el sexo fuerte*).

♦ Empezar con una pregunta (*¿Deberíamos dedicarles más tiempo a nuestros hijos?*).

♦ Empezar con una negación contundente (*Ser buena persona no significa ser tonto*).

♦ Empezar con una anécdota curiosa (*Para dar la bienvenida a alguien, los esquimales ofrecen a sus mujeres*).

♦ Empezar con un ejemplo interesante (*Cuando se pone nervioso, a Dani le empiezan a sudar las manos de una manera espectacular*).

♦ Empezar con una definición (*Igualdad significa tener los mismos derechos y deberes*).

♦ Empezar refutando una opinión ajena (*Cuando el doctor Serra afirmó... no tuvo en cuenta...*).

♦ Etc.

Desarrollo o cuerpo

Es la parte principal del trabajo, en la que se desarrolla la tesis apuntada en la introducción. Todos los datos aportados se deben exponer siguiendo el orden elegido y siempre relacionándolos con la idea central de la obra. Para facilitar una mayor comprensión del tema se recomienda distribuir los distintos aspectos en parágrafos diferentes y evitar que éstos sean demasiado extensos o demasiado cortos. A su vez los epígrafes pueden organizarse según el mismo esquema general de la obra: planteamiento, desarrollo y conclusión.

Conclusión final

Es conveniente acabar el trabajo con un resumen que englobe los diferentes aspectos tratados y enfatice aquellos puntos especialmente destacados. Se trata de realizar una síntesis final que en pocas palabras exprese las conclusiones definitivas a las que llega el autor tras la exposición.

CONSEJOS PARA LA REDACCIÓN DE UN TEXTO EXPOSITIVO-ARGUMENTATIVO

♦ Elija un tema concreto, y a ser posible interesante, que conozca bien.

♦ Incluya la tesis en la introducción, redactada de manera clara y concisa.

♦ Presente por lo menos tres argumentos diferentes que defiendan su tesis de una manera convincente. (Si puede presentar más, mejor, siempre y cuando no se exceda.)

♦ Ordene lógicamente sus argumentos (en orden de mayor a menor importancia; en orden histórico; etc.).

♦ Presente cada argumento en un párrafo diferente.

♦ Prevea posibles refutaciones a sus argumentos y rebátalas.

♦ Utilice un lenguaje claro y preciso que exprese sus ideas con exactitud.

♦ Acabe la exposición con una conclusión final que resuma las ideas principales.

---

60. EJERCICIOS

1. ¿Qué diferencia hay entre un texto argumentativo y un texto expositivo?

_____

_____

_____

_____

2. Entre los temas siguientes señale aquellos que considere apropiados para incluirlos en un texto expositivo-argumentativo:

    a) La concienciación viaria
    b) Mi primera experiencia al volante de mi coche
    c) Aborto, ¿sí o no?
    d) La situación laboral de las mujeres
    e) Una visita por la ciudad

3. Destaque la tesis o idea principal de un texto expositivo sobre los siguientes temas y piense en dos o tres argumentos que defiendan esa tesis:

a) La droga

b) El bilingüismo en la escuela

c) Los medios de transporte urbanos

d) La importancia del inglés en la sociedad actual

e) Las corridas de toros

f) Las ventajas de la moneda única europea

4. ¿Qué recursos se pueden utilizar para hacer más atractiva una introducción?

_____

_____

_____

_____

_____

_____

5. Señale la tesis del siguiente texto y los argumentos en los que se basa su defensa:

Desde la Antigüedad, el hombre ha intentado eliminar el mal olor corporal causado por el sudor. Los egipcios y romanos impregnaban sus cuerpos con aguas perfumadas y en la Edad Media se usaban ungüentos de ámbar y musgo; aunque hasta el siglo XIX –cuando se descubrió el papel decisivo de las bacterias en este problema– lo único efectivo era el amoníaco diluido en agua. (...) Pero a pesar de las molestias provocadas por el mal olor, el sudor es algo necesario para la vida. «Su función consiste en regular la temperatura corporal. Transpirar es un mecanismo indispensable para el organismo», explica el doctor Miguel Aizpún, vicepresidente de la Academia Española de Dermatología y Venereología. Sudamos constantemente y sólo en algunas personas, en las que este mecanismo reacciona de forma anormal, se convierte en un verdadero problema que repercute negativamente en sus relaciones sociales y personales.

El sudor es un líquido compuesto en un 90 % de agua y en un 10 % por sales minerales como cloruro sódico, urea, potasio, albúmina... (...) El líquido transpirado es repuesto por el organismo con las bebidas que se ingieren. Además, el sudor ejerce una labor de limpieza. «Elimina toxinas internas, como el ácido láctico, y externas, como la polución ambiental que la piel absorbe», dice el doctor Aizpún.

6. ¿Por qué es importante cerrar la exposición con una conclusión final?

_____

_____

_____

_____

_____

_____

_____

_____

_____

ÍNDICE

SEGUNDA PARTE
DOMINAR LA TÉCNICA DE LA REDACCIÓN

TERCERA PARTE
SISTEMAS FUNDAMENTALES DE REDACCIÓN

Anthony Avery

IDEAS Y TRUCOS PARA EL HOGAR

Consejos y soluciones prácticas para la decoración, el mantenimiento y todos los problemas que se pueden presentar en su hogar

Resuelve todas las cuestiones de la decoración de tu vivienda, así como los pequeños problemas e imprevistos que surjan en el hogar.

- Las mejores soluciones para decorar y amueblar todos los espacios de tu vivienda.
- Los estilos que mejor pueden adaptarse a tus posibilidades y a tu forma de vida.
- Cómo conservar en perfectas condiciones los distintos revestimientos de tu hogar (pintura, estucados, pavimentos, parquet...).
- Cómo eliminar las manchas más difíciles en superficies generales y en tejidos.

Robert Serre

IDEAS Y TRUCOS PARA COMPORTARSE SOCIALMENTE

Guía práctica de las buenas maneras y del saber estar en los tiempos actuales.

Conoce las claves esenciales para comportarte con corrección y elegancia en cualquier situación de la vida social moderna.

- Cómo cultivar una imagen elegante y distinguida
- Aprender a escoger la indumentaria adecuada a cada ocasión.
- Claves para realizar con total corrección presentaciones, saludos y despedidas.
- Cuáles son las cualidades del perfecto anfitrión.

Penélope Doy

IDEAS Y TRUCOS DE BELLEZA

Consejos y soluciones prácticas para estar siempre atractiva.

Descubre los trucos y consejos necesarios para ofrecer en todo momento una imagen atractiva.

- Métodos para elaborar tus propios cosméticos a partir de productos naturales.
- Cómo conseguir una piel sana, eliminando los problemas de impurezas y arrugas.
- Los mejores sistemas para combatir y evitar defectos como las estrías o la celulitis.
- Conocer las ventajas de las diversas clases de baños tonificantes.
- Qué tipo de cosmético se adapta mejor a las distintas zonas de tu cuerpo.
- Cuidados esenciales para potenciar el atractivo de cabellos, manos y senos.

Domina todas las claves imprescindibles sobre la elaboración y presentación de cócteles.

- Cómo preparar y servir los cócteles más conocidos en nuestra cultura social.
- Los orígenes y evolución de las mezclas a lo largo de la historia.
- Consejos para disponer de un bar perfectamente surtido en tu propia casa.
- Conocer los utensilios más adecuados para la elaboración de cada mezcla.
- Los tipos de copas o vasos apropiados a cada cóctel.

Aprende a superar todos tus temores y a dominar los resortes necesarios para captar la atención de la audiencia.

- Cuáles son las cualidades de un buen orador.
- Cómo adaptar tu discurso a las circunstancias (lugar, posición ante el público, horario...).
- Actitudes que debe adoptar el orador en función del tipo de público.

El nombre no sólo nos identifica, sino también nos proporciona una personalidad única.

- La etimología, historia y características de cada nombre.
- Una relación completa de nombres con sus respectivas onomásticas.
- La influencia de la numerología aplicada a los nombres de personas.
- Por qué la elección de un determinado nombre condiciona nuestro carácter.
- Conocer numerológicamente qué valor final resulta de sumar nombre y apellidos.
- Descubrir el simbolismo que tradicionalmente se ha otorgado a cada nombre.

Aprenda todo lo necesario para conseguir que sus hijos reciban la mejor educación posible en un entorno sano y feliz

- Cómo explicar a un niño la llegada de un nuevo hermanito.
- Qué hacer si su hijo se sigue orinando en la cama.
- Cómo moldear su comportamiento social sin condicionar su personalidad.
- Cómo explicar al niño la muerte de un ser querido.
- Cómo actuar con los hijos en caso de divorcio.

Una compilación de los comportamientos y las actitudes más apropiadas para llevar a cabo los pactos y convenios más ventajosos

- Cómo aprender a llevar las negociaciones.
- Formas sencillas para aprender a elaborar una estrategia con método y seguridad.
- Cómo establecer el momento adecuado para avanzar en la negociación, ceder terreno o exigir contrapartidas.

Un compendio de técnicas, materiales e ingredientes de gran utilidad para facilitar el trabajo en la cocina

- Cómo preparar deliciosos primeros platos con pocos ingredientes.
- Los materiales imprescindibles que jamás deben faltar en una cocina.
- Una selección de las principales frutas y verduras y sus propiedades nutricionales.
- Técnicas para confeccionar menús diarios con un mínimo gasto económico.
- Cómo preparar comidas especiales para imprevistos o invitados ocasionales.

Una extraordinaria guía práctica
para enriquecer nuestra sexualidad

- Cuáles son los juegos preliminares más excitantes.
- Descubra el potencial erótico de las principales zonas erógenas.
- Aprenda el valor de la comunicación fuera y dentro de la cama.
- Qué importancia tienen el tacto, el olfato y el gusto en la relación sexual.
- Cómo puede reavivarse la pasión y abandonarse la rutina.

Métodos sencillos y prácticos para lograr plantas y flores durante todo el año

- Para aprender a optimizar los sistemas de riego sin gastar agua inútilmente.
- Cómo cultivar flores y plantas verdes para macetas en pequeñas terrazas y balcones.
- Qué incidencia tienen la luz y la ventilación en el crecimiento de cada especie.

Obtenga del modo más rápido, gráfico y directo un amplio número de informaciones que le serán de gran utilidad en su vida diaria

- Cuáles son las principales unidades de medición y sus correspondencias.
- Cómo convertir pies a metros, millas a kilómetros o libras a kilogramos.
- Conozca las principales fórmulas matemáticas aplicables a la vida cotidiana.
- Datos de interés general sobre pesos, temperatura, velocidad y tiempo.

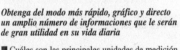